weise
und „sau blöd“

über Lebensweisheiten und Ungeschicklichkeiten
von Ehrenfried Martin Wipplinger

weise und „sau blöd“

Ehrenfried Martin Wipplinger

Alle Texte entspringen aus den vielseitigen Erfahrungen und in dankbarer Eingebung aus den Gedanken des Autors.

1. Auflage 2024

BUCHER-Verlag
Hohenems - Vaduz - München - Zürich
www.bucherverlag.com

ISBN 978-3-99018-720-3

Inhaltsverzeichnis -Themen:

ich war ein Clown –

eine Einführungsgeschichte

Bereits im jungen Mannesalter habe ich einige Jahre in einem Zirkus als Seil-Artist und Clown gearbeitet. Mit meiner komischen Nummer hatte ich guten Erfolg, viel Freude und Applaus erhalten.
In der Manage erschien ich in übergroßen Schuhe sowie in einem farbenprächtigen, bunten Kostüm. So spielte ich bei meinem Auftritt einen tollpatschigen Clown, der in voller Begeisterung und Zuversicht das Wagnis versuchte, auf einem Drahtseil zu tanzen und seine Künste zu zeigen.
Bereits beim Einmarsch stolperte ich über die kleinsten Dinge und schon bevor ich das zwei Meter hohe Podest erreichte, fiel ich gekonnt ungeschickt wieder x-mal mit Wehklagen laut krachend auf die Erde. Dann begann der Kampf mit der Balance auf dem dünnen Draht-Seil, wobei meine wilden Kaskaden die Gleichgewichtsschwierigkeiten demonstrierten und die Besucher mit Lachsalven erheiterten.
Verstärkt wurde dies noch durch mein Gejammer über mein: „Des war sau blöd - Ha, hahaha". Worauf ich stets wieder mit neuer Begeisterung einen nächsten Versuch startete, der dann für die Zuschauer letztlich erstaunlich auch irgendwie plötzlich gelang.

Ungeschicklichkeiten und Fehler sind schon richtig,
nur diese nicht zu akzeptieren ist „sau blöd".

Nun, vielleicht spielst du hier einfach einmal mit, diese Clown-Geschichte mit unserem Manege-Auftritt in der zauberhaften Zirkuswelt unserer Erde zu vergleichen.

Beginnen wir nicht alle mit Begeisterung und Zuversicht unser Dasein und versuchen das Wagnis, oft in übergroßen Schuhen und bunter Kostümierung unsere Künste zu zeigen? Dabei stolpern wir immer wieder, fast tollpatschig über unbeachtete Dinge und fallen, bevor wir unser hohes Podest erreichen, x-mal auf den Boden der Realität.
Sodann beginnen wir den Kampf mit der Balance auf dem dünnen Lebensgrat. Und manchmal haben wir Gleichgewichtsschwierigkeiten, wobei wir uns in wilden Krisen-Kaskaden verletzen, welches letztlich ein entsprechendes Gejammer bewirken kann.
Zu allem Leid kann es sein, dass dabei einige im Publikum in heitere Lachsalven ausbrechen. Und nur wenn wir selbst unser „blödes Geschick“ belächeln, sowie mit neuer Begeisterung einen nächsten Versuch starten, wird uns letztlich auch irgendwie plötzlich Erstaunliches gelingen.

Es darf uns erfreuen, wenn wir dafür großen Applaus ernten, doch werden wir beglückter sein, wenn wir mit unserem Wirken, wie ein Clown, die Herzen unserer Mitmenschen freudig berührt haben.

Nun darf ich stets in meinem Leben,
ungeschickt sein, schlau und wichtig,
froh nach meinen Träumen streben,
so wie ich bin, bin ich schon richtig!

die Jagd nach dem Lebenssinn -

Sehnsucht und Annahme

Kannst du dir vorstellen welche Freude es für mich war, wenn ich nach meiner Darbietung im Zirkus tosenden Applaus erhalten habe? Es war ein sensationelles Gefühl, welches mich unglaublich erfüllte, stark machte, Lebensfreude und Vitalität verspüren ließ. Ich war im Programm wie ein Fixstern wichtig und unentbehrlich geworden. Es war wie ein Traum, nicht nur vom Publikum geliebt zu werden, sondern ebenso in der Zirkusgemeinschaft als wertvoller Artist menschlich respektiert und angenommen zu sein.
Vermutlich habe ich damals diese Zeit deshalb so beglückend empfunden, weil ich zuvor in meinen jüngeren Jahren oft Gegenteiliges erlebte. Für meine Eltern wurde ich eher zu einem unpassenden Zeitpunkt geboren.
Ohne nun auf Einzelheiten einzugehen, will ich kurz erwähnen, dass ich mich oft allein gelassen fühlte. Auch während meiner Schul- und Jugendzeit musste ich viel Ablehnung, Abwertung, Ungerechtigkeit und Verurteilungen erfahren. In harten Worten wurde mir sogar meine Existenzberechtigung abgesprochen, welche meinen Lebenssinn bis zu Suizidgedanken in Frage stellte.
Damals gab mir mein christlicher Glaube durch einen für mich passenden Bibelspruch etwas Zuversicht: „Selbst wenn dich deine Mutter verlässt, ich werde dich nie verlassen.“
Ja, so erfuhr ich damals, was mir oder auch anderen Menschen nicht gut tut, verließ meine Familie und erkämpfte meine Anerkennung und Annahme als Clown im Zirkus.

Heute, als doch Älterer, kann ich das wohl lebenslange Streben nach Annahme und dem Wunsch geliebt zu werden, als maßgeblich für unsere Lebensexistenz betrachten.

. . . das Gefühl unentbehrlich wertvoll zu sein.

Wir wollen gerne bewundert werden, Erfolg haben, angesehen sein, Verständnis finden und jemandem wichtig sein. Genau deshalb sehnen wir uns im ganzen Dasein danach, verlässlich und dauerhaft angenommen und geliebt zu sein. So suchen wir letztlich immer wieder nach Bestätigungen und dem Sinn unserer einzigartigen Existenz.
Wie wichtig ist es doch für eine einsame ältere Frau zu wissen, dass sie für ihren Kanarienvogel unentbehrlich ist, weil sie ihn füttert und für sein Leben Verantwortung tragen kann?
Wie bestärkend ist es erst für eine Mutter, wenn sie durch ihre Gunst und Fürsorge für ihr Kind unersetzbar und kostbar ist? Oder wie wichtig und schön ist es für einen Vater, wenn er durch seinen Beistand eine maßgebliche Rolle für die Familie spielt? Und wie wichtig ist es auch für eine Tochter oder einen Sohn, wenn sie von den Eltern Bestätigung, wohlwollende Worte, Liebe und Lebensunterstützung erhalten dürfen?

Vielleicht erleben wir alle, wie auch du, dass wir in manchen Momenten unseres Daseins einmal in Frage gestellt, abgelehnt, erniedrigt, entwertet, ausgegrenzt und allein gelassen werden. In solchen Momenten können wir in Zweifel sowie Unsicherheit kommen. Freunde und Familien können uns abwerten und beschimpfen, ablehnen und aufgeben. Und oft müssen wir bitter erkennen, wie leicht wir am Arbeitsplatz ersetzbar sind, oder wenn Mitmenschen einfach von uns gehen. Besonders trifft es uns, wenn selbst unsere Zuwendung abgelehnt wird oder wir unseren Lebenspartner verlieren. Das Wissen, dass wir letztlich allein leben und sterben müssen, kann uns Angst machen. Für wen sind wir noch wichtig, falls wir von allen verlassen werden und wir uns einsam fühlen? So kann unsere Daseinsberechtigung in Zweifel geraten und damit können wir unsere Kraft und Lebensfreude verlieren.

. . . für was oder wen sind wir noch da?

Wenn wir uns so von allen guten Geistern verlassen fühlen, ist es notwendig, unser eigentliches Sein wieder ins Bewusstsein zu rufen. Unsere körperliche Existenz auf Erden verdanken wir zwar unseren Eltern, doch auch wie diese sind wir nur durch den Willen der Schöpfung mit Geist und Seele in ein eigenständiges Leben gerufen worden. Dieser uns unbekannte mächtige Geist, den wir gebräuchlich Gott nennen, können wir uns als guter Vater vorstellen.
Durch seinen Willen haben wir die unumstößliche Berechtigung, eine Weile auf dieser Erde zu verbringen und unser Dasein eigenständig zu gestalten. Damit sind wir bereits angenommen worden und dürfen selbst dieses Geschenk annehmen und unser Dasein wie eine himmlische Liebesgarantie betrachten.

Wir sind ein wichtiger, unentbehrlicher Teil und die Erfüllung eines gewollten Schöpfungsaktes. Es ist vielleicht eine besondere Kunst oder Gabe, durch unser Bewusstsein diese Annahme, das Vertrauen und diese göttliche Liebe in unser Lebensgefühl zu bringen.

Es ist der Wille der Schöpfung, dass ich, du und jeder gewollt den Auftrag erhalten hat, zu leben, was Verändern bedeutet. Damit erhalten wir gleichsam unsere individuelle Gestalt und die persönliche Freiheit, unsere Zeit nach eigenen Bedürfnissen zu gestalten. Wir sollen und dürfen nach dem Willen dieses Vaters selbst einen Sinn in dieser Welt suchen und finden, danach streben und wirken.

Du, ich und jeder von uns ist ein
vollendeter Traum der Schöpfung.

...hab' eine
gute Aussicht
und eine gute
Einsicht

wofür denn so was? –
über den Sinn dieses Buches

Zuerst habe ich gedacht, vermutlich wegen meines Helfersyndroms, dieses Buch für dich als Leser zu schreiben, um dir durch meine Erkenntnisse dein Dasein zu verschönern. Das stimmt schon, doch hab ich persönlich einen wichtigen Grund, nämlich damit ich meine eigenen Erfahrungen verarbeiten und zusammenfügen kann. So hilfst du mir indirekt in meinem Bewusstsein, ob bekannt- oder unbekannterweise dabei. Damit will ich mich bei dir als Mitmenschen für das Lesen der Zeilen bedanken. Es ist schön, dass es dich gibt.

Nun der Zweck dieses Buches soll sein, im Bewusstsein das Wertvolle und Wertlose in deinem und meinem Dasein zu erkennen, um unser Leben gut gestalten und erfüllen zu können. Wir haben jeweils die freie Wahl, das zu tun, was wir als richtig in uns empfinden. Wir dürfen darauf vertrauen niemals Fehler zu machen, denn wir handeln ja stets durch unsere inneren Weisungen aus der momentanen Überzeugung. An jeder Wegkreuzung, sowie in jeder Krise können wir die Richtung ändern und so selbst unseren „lässigen" Weg bestimmen.

Vertrauensvoll können wir selbstbewusst Schritte setzen und eigenständig leben. Wir können versuchen unsere Wünsche, Träume, Bedürfnisse oder Ideen in unsere Wirklichkeit zu bringen. Dies zaubert uns Motivation und Begeisterung in unserer Seele, mit der wir Lebensenergie erhalten. Damit dürfen wir mit unseren erworbenen Fähigkeiten, wie Kreativität, Schlauheit, Geschick, Geist und Liebe das Abenteuer unseres Lebens zuversichtlich wagen.

Gestalte dein Leben selbst, bevor es andere für dich tun.

Natürlich dürfen wir auch einmal vorgezeichnete Wege gehen, tun was der Allgemeinheit gefällt und uns bequem von unserer Gesellschaft berieseln oder inspirieren lassen. Genauso können wir einfach einmal in den modernen Strömungen mitschwimmen und ein weltliches Geborgenheitsgefühl in der Gesellschaftsmasse genießen.
Nur zeigt sich hier die Gefahr, unsere eigene Persönlichkeit zu verlieren. Falls wir nur noch zu „Mitfahrern" werden, fügen wir uns widerspruchslos dem Geschehen und lassen uns steuern. Indem wir nur noch funktionieren müssen, winken uns viele Annehmlichkeiten und Verführungen, doch können wir leicht zu einem Norm-Menschen mit Steuernummer oder gar zum Sklaven mutieren.

„Lebe dein Leben wie es dir gefällt
oder lasse dir gefallen wie du lebst."

Noch ein Gedanke über dieses Buch:
Jeder unserer Mitmenschen trägt ein wandelndes Buch seiner eigenen Erlebnisse in sich. Es ist sein wahrhaftes Leben.
Da ich in meiner Schulzeit nie gerne gelesen oder gelernt habe und von meinen Eltern kein Gehör oder Unterstützung für meine Zukunftsträume bekommen habe, bin ich nicht gerade mit hochwertiger gesellschaftlicher Bildung ausgestattet worden. Logischerweise war ich dadurch wenig geformt und geprägt durch Vorgezeichnetes. So war ich um meine Lebensideen zu verwirklichen gezwungen, vieles durch Autodidakt zu erlernen. Es war oft mühevolle Pionierarbeit, ohne Lehrer oder Schulung beispielsweise Seilartistik zu beherrschen, Autoformen zu erschaffen, Instrumente zu spielen oder einen Werbebetrieb aufzubauen. Dank der eigenen Motivation war es aber auch ein Segen für mich. Ich brauchte nichts Unnützes lernen, sondern

nur das, was mich interessierte und mit Freude stolz und glücklich machte.
Dazu brachte diese Form des Lernens mir den Vorteil, die Bildung stets direkt nach dem realen Geschehen ins Bewusstsein aufzunehmen.

So zog ich es auch vor, an wahren Begegnungen und aus den vielen persönlichen „Lebensbüchern“ meiner Mitmenschen zu lesen und zu lernen.
In diesem Buch kannst du hier nur einen kleinen Teil meiner Lebensgeschichten durch geschriebene Zeilen erfahren. Darin will ich dir gerne meine gewonnenen Erkenntnisse wohlwollend beschreiben. Selbstverständlich überlasse ich dir, was du in diesem Buch als weise oder als „sau blöd“ empfindest und einstufst.
Überprüfe jedoch zuerst alles Gelesene mit deinem Herzen und Verstand und mache es erst nach deiner Überzeugung dir zu Eigen.
Es wird mich freuen, wenn sie dann in deinem eigenen „Lebensbuch“ eine Bereicherung sein dürfen.

Ehrenfried Martin Wipplinger

Aus Gründen der besseren Lesbarkeit wurde in diesem Buch darauf verzichtet, bei Personenbezeichnungen sowohl die männliche als auch die weibliche Form zu nennen.

. . . in der geborgenen Hand der Schöpfung

Geschenk der Schöpfung -
über Dasein und Menschenrechte

Mit der Geburt sind du, ich und alle Menschen dieser Erde ein verwirklichter Traum der göttlichen Schöpfung.

Wir dürfen eine Zeit auf dieser Erde leben - und Leben heißt verändern. Damit dürfen wir selbst verändern, solange wir leben. Unsere einzige Sicherheit liegt im Wissen, dass sich jeweils alles wieder und wieder verändert, wie das Wetter und die Natur.
Vieles, wie auch unsere Mitmenschen, können wir nicht, hingegen uns selbst dürfen wir jederzeit verändern. Und wir dürfen alles zu unserem Guten verändern, mit unserem Willen, Mut und unseren eigenen Fähigkeiten.
Natürlich sind wir nicht allmächtig und sollen unsere Grenzen respektieren. Doch brauchen wir auch wenig zu verändern, denn die Schöpfung bietet ja so unzähliges, perfektes und bewundernswertes Schönes. Wir sind auserwählt, diese göttlichen Geschenke in Ehre und Würde freudig zu genießen.

Grundsätzlich steht uns die ganze Welt offen. Viele nutzen die Möglichkeit, ferne Länder zu besuchen, an ausgesuchten Plätzen zu wohnen oder zu arbeiten. Jedenfalls dient es unserem Glück, wenn wir unsere Mitmenschen achten und schätzen, im sozialen Umfeld unserer Region.

Wir können immer nur
da wirken, genießen, lieben und verändern,
wo wir selbst,
im Moment wahrlich sind.

Über die Menschenrechte

Mit der Geburt hat jeder Mensch von der Schöpfung das Recht bekommen, auf dieser Erde zu leben und zu wirken.
Du, ich und jeder Mensch empfindet es als Ge-Recht, für sich einen Platz zu haben, im Schutz vor Unwetter, Kälte oder Hitze zu wohnen, durch Leistungen oder Fürsorge, Nahrung, Kleidung und Wasser zu erhalten.
Und jeder Mensch, wie auch du und ich, möchte friedlich in Sicherheit, in Familie oder Gesellschaft gesunde Erfüllung finden, anerkannt und geliebt werden.

Global sollte in allen Gemeinschaften von Familien, Vereinen, Städten, Ländern und Staaten verantwortlich darauf geachtet werden, dass alle Menschen diese Grundbedürfnisse leben und genießen können.

Doch ebenso hat jeder Mensch von der Schöpfung das Recht, sein Handeln entsprechend seinen Erkenntnissen und Gefühlen selbst zu bestimmen.
So kann es sein, dass Menschen bei der Geburt, als Kleinkind, in der Jugend oder später, bereits einige Grundbedürfnisse genommen wurden. Erwähnt sei Fürsorge, Gesundheit, Sicherheit, familiäre Wurzeln, freie Entfaltung, Beachtung und Zuneigung. Dabei kann der Selbstwert so verletzt werden, dass diese das Mitgefühl für Mitmenschen verlieren und nur noch nach momentanen Vorteilen für sich handeln. Es bleibt dann der Versuch, Anerkennung durch Macht oder Reichtum zu erhalten, da kaum mehr herzliche Genüsse und echte Liebe gegeben oder empfangen werden können.
Achten wir auch diese unsere Mitmenschen, auch wenn diese oft Leid, Unterdrückung oder Krieg verursachen.
Sie gehören wie du und ich zur Schöpfung dieser Erde.

Menschenrechte auf dieser Erde
. . . wurden von der Schöpfung gegeben.
So darf jeder sein Leben gestalten.
Ob die Schöpfung Gefallen daran findet,
erfahren wir erst am Ende.

Einer sprach salopp daher:
„Schon wieder ist mein Glas halbleer."
Darauf aus weisem Munde quoll:
„Sag besser doch, es ist halbvoll."

Nur beide außer Acht hier ließen,
den guten Inhalt zu genießen.

weise oder „sau blöd“ –

über Wahrheit und Weisungen

Es gibt viele weise Sprüche und ebenso viele „sau blöde“! Doch wenn wir „sau schlau“ sind, können wir beide dazu verwenden, um einen weisen Lebensweg zu gehen. Denn wir selbst bestimmen ja unsere Ziele und damit brauchen wir nur zu überprüfen, ob sie uns in die richtige Richtung weisen oder auch darauf verweisen, dass möglicherweise unser angestrebtes Ziel neu überprüft werden sollte, damit es auch wahr werden kann.

***„Weise Sprüche“** können uns hilfreich dienen, doch sind alle Weisheiten nur dann für uns sinnvoll, wenn sie uns auf den Weg zu unserem Wohlergehen und der wahren Erfüllung weisen. Dabei ist all das sinnvoll, was unsere Sinne erfreut.*

Die „sau blöden“ Sprüche hingegen weisen uns darauf hin, wie wir diesen Weg besser nicht beschreiten sollten. Sie zeigen uns das sinnlose, welches unsere Sinne schädigt. Darüber hinaus aber können die erkennbaren Dummheiten uns hell zum Lachen bringen und unser Dasein beglückend erheitern.

Beides dürfen wir also sinnvoll nutzen, um unsere richtigen Wege zu suchen und ebenso, um auch unsere wertvollen wahren Ziele zu finden.

Dein Körper, deine Seele und dein Geist
weisen dir deinen Weg.

. . . was du als wahr und richtig erkennst,
ist deine persönliche Weisheit.
. . . ob du weise gehandelt hast,
zeigt dir stets wieder die Realität.

In meinem Umfeld beobachte ich bemerkenswerte Lebenseinstellungen verschiedener Menschen. Zuerst will ich auf die meines Erachtens Armen in unserer Gesellschaft eingehen, welche oft „sau blöd“, wie ein Clown über Hindernisse stolpern – wie wir zeitweise vielleicht alle?
Viele genießen gerne die Annehmlichkeiten unserer technisierten digitalen Hochkultur, arbeiten oft eintönig, möglicherweise notgedrungen für ihren Lebensunterhalt, lassen sich abends entspannt vom Fernseher berieseln, hören Nachrichten, an welchen sie nichts ändern können, schauen oft gelangweilt Filme und Werbeblöcke, lesen die brutal sensationellen Beiträge in den Zeitschriften, oder verbrauchen mit PC-Spielen oder Handy einen großen Teil ihrer Lebenszeit.

Gerade durch diese bequemen Gewohnheiten glauben manche, das wahre Weltgeschehen in ihr Wissen zu lassen.
Sie merken jedoch nicht, wie sie durch diese Beeinflussung auch einer gewissen Gefahr ausgesetzt sind. Denn meist überdenken die Menschen dabei kaum den Sinn ihres Tuns oder überprüfen den Wahrheitsgehalt des Vermittelten.
Dazu will ich bemerken, dass heute in der digitalen Medienwelt unser Blick lediglich den flachen Bildschirm oder die Buchstaben der Zeitschrift erkennen kann. Doch der Wahrheitsgehalt lässt sich über Videos, Bilder oder Worte, durch Sehen und Hören unmöglich überprüfen oder erkennen. Wir sind da Täuschungen machtlos ausgeliefert.

So nehmen viele im blinden Vertrauen alles ungefiltert, meist unbewusst in sich auf und wundern sie sich dann, wenn sie im wahren Leben plötzlich „sau blöd" über viele unerkannte Realitäten stolpern und dabei die Farbenpracht ihres persönlichen Daseins in einen Grauton verwandeln.
Sie wollen oder können dann meist selbst nichts mehr verändern.
Sie haben sich entschieden, die Bequemlichkeit oder andere für sich entscheiden zu lassen.
Hilfreich gedachte oder kritische Gedankenspiele lassen sie kaum mehr zu, bleiben untätig fixiert, betrachten sich als klug und wollen von anderen Ansichten sowie Wahrnehmungen nichts mehr wissen.
Womöglich haben diese Menschen Angst, Wahrheit sehen zu müssen und lehnen daher oft die Realität einfach ab, mit den fallweise wütenden Worten:
„Das darf doch nicht wahr sein!", oder „Das gibt es doch nicht!"

Wahrhaft wertvolle Lebensweisheiten
sind total sinnlos,
wenn sie auf Ignoranten stoßen!

Um nicht oder zumindest weniger „sau blöd" zu stolpern, kommen wir nicht herum, die Wahrheit in der Realität zu sehen und zu akzeptieren.

Um Wahres zu erkennen, haben wir unsere Sinne:

- *Unsere körperlichen Wahrnehmungsfähigkeiten:*
  Augen und Ohren haben wir, um zu sehen und zu hören, was wirklich da ist.
  Jede Existenz und jedes Geschehen ist reale Wahrheit.
  Doch machen wir uns bewusst, dass wir diese aus unserem Standpunkt oft gar nicht, oder nur teilweise ergründen können.
  Eher können wir unserem Geruchs- und Geschmackssinn vertrauen, denn da erfahren wir gleich, ob uns etwas stinkt oder gut schmeckt. Und durch unseren Tastsinn können wir weiche oder harte Gegenstände, sowie einen warmen oder kalten Händedruck wahrhaft fühlen.

- *Wir habenunseren gesunden Geist.*
  Durch den können wir kritisch überprüfen, was uns ungereimt, unklar oder logisch und sinnvoll erscheint. Vorstellungskraft, Vernunft, Vergleiche und Mut helfen dabei, Wahrheit ans Licht zu bringen.

- *Wir haben unsere Seele.*
  In der liegt eine Sammlung unserer Herzenserfahrungen gespeichert. Es ist bei einem wahrheitsgeprägten Menschen sein hilfreich gutes Gefühl.

Nützen wir unsere Sinne.
Sie sind wertvolle Wahrnehmungsfähigkeiten die wir schätzen und achtsam bewahren sollten. Immer wenn Augen etwas Reizvolles erblicken, oder unsere Ohren Wohltuendes hören, tut es uns wahrhaft gut. Alles was sich angenehm anfühlt, uns schmeckt, oder duftet, wird zu unserem wahren Genuss.
Und je mehr unsere Sinne die wahren Schönheiten auf dieser Erde genießen dürfen, desto mehr werden sie uns erhalten bleiben.

Nützen wir die Sinne zur Wahrheitsfindung, sie werden uns weise helfen, unsere Lebensfreude zu gewinnen.
Damit wir nicht blind werden für die Wahrheit, hier eine erlebte Geschichte:
Vor dem Haus eines Nachbars plauderte ich mit dem knapp über 70 Jahre alten Opa. Anfangs musste ich mich immer hörbar zu erkennen geben, denn er konnte mich mit seinen Augen nicht mehr richtig wahrnehmen. Nach einigen freundschaftlichen Themen fasste ich den Mut, ihn nach der Ursache seiner werdenden Blindheit zu fragen. „Das kommt vom Krieg", sagte er. Darauf erzählte er bereitwillig von dieser furchtbar erlebten Zeit. Das Zuhören bedrückte mich, doch kam ich wieder zu meiner Frage nach seinem Sehverlust. „Ja, das war im Lazarett", plauderte er weiter und beschrieb wie seine Kameraden mit abgefetzten Beinen oder Bauchschüssen eingeliefert wurden. Seine grausamen Ausführungen nahmen kein Ende. Ich unterbrach ihn und fragte, ob er da eine Augenverletzung erlitten hatte.
„Nein, nein!", er war an den Beinen getroffen worden und gleich schilderte er wieder das Gewimmer der Verletzten, die Entstellungen, die blutigen Wunden und die schmerzvoll verreckenden Soldaten. Erst am Schlusse hörte ich ihn weinend sagen: „Das war nicht mehr mit anzuschauen."

Ich glaubte an die Möglichkeit, dass diese sinnlosen Bilder seine Augen verletzen und diese sich geweigert haben, solche grausamen Wahrheiten weiter ertragen zu müssen.

Erst wenn alle Sinne
Sehen, Hören, Fühlen, Riechen und
Schmecken fehlen,
wird das Leben sinnlos.

Lebens-Weise
. . . leben wir bereits dann, wenn wir nach dem streben, was wir wollen, tun, was uns gut tut, und dabei niemandem schaden. Und wieder handeln wir weise, indem wir unsere Misserfolge als wahre Weisungen annehmen. Dies führt uns dann wieder zu weisen Handlungen.
Beispielsweise wird ein Tennisspieler dessen Ball ins Netz fällt, die Wahrheit einfach mit einem „Hoppla" akzeptieren und erneut versucht, den Ball darüber zu spielen. Sollte es ihm gelingen, ist es besonders weise, wenn er sich darüber freut.

Hier bitte ich dich, um „sau blöde" Nebenwirkungen dieses Buches zu vermeiden, niemals Ungeprüftes in dein Glaubensbild aufzunehmen, und erst aus deiner Überzeugung dir zu eigen zu machen.

Erkenntnisse sind dann sinnvoll,
wenn sie in unserem Herzen
einen guten Platz gefunden haben.

Indem ich meine Träume und Wünsche
nicht ernst nehme,
perfektioniere ich nur meine Selbst-Ignoranz.

Träume werden wahr –
über Traum- und Lebenserfüllung

Nachtträume sind fast so etwas wie göttliche Führung, ob sie erquickend, lustig, befreiend oder auch als Albträume erscheinen. Sie spiegeln uns jeweils den aktuellen Moment unseres Seelenlebens in symbolischen Bildern oder Geschehnissen. Hier möchte ich aber das Thema der Tagträume etwas beleuchten. Dazu will ich dir zuvor eine erlebte Geschichte aus meiner Zirkuszeit erzählen:

> *Damals lernte ich eine bildhübsche Arztassistentin kennen und war nach kurzer Zeit total verliebt. Leider wurde die Entfernung je nach meinem Standort recht weit. So musste ich nach meiner Abendvorstellung einmal eine lange nächtliche Autofahrt auf mich nehmen, um dieses reizende Geschöpf wiederzusehen.*
> *Ich muss erwähnen, dass es noch kein Autobahnnetz gab und so ging meine langgezogene Fahrt durch duzende Ortschaften. Ich wollte meiner Geliebten gerne einen bunten Blumenstrauß mitbringen, doch wie konnte ich zu dem kommen? Es war schon späte Nacht geworden. Blumen waren damals noch nicht wie heute in Automaten oder Bahnhöfen, sondern wirklich nur in Gärtnereien oder Blumengeschäften erhältlich. Plötzlich fuhr ich an einem solchen vorbei, fasste mir Mut und klingelte mitten in der Nacht am dunklen Eingang.*
> *Bald darauf öffnete sich oben ein Fenster und eine Frau sah, sichtlich etwas verschlafen zu mir herunter. Ich stammelte einiges von Entschuldigungen und erklärte dann: „Bitte, meine Geliebte hat soeben im Spital ein Baby bekommen und ich getraue mich nicht ohne Blumen zu ihr.“*

Die Frau kam sofort herunter, machte Licht im Geschäft und künstelte mir ein prächtiges Blumengesteck. Dabei lobte sie mich: „Also nein, wie es doch noch so liebevolle und aufmerksame Väter gibt. Sie sind wohl eine herzliche Seltenheit.“
Ja wirklich, sie war so begeistert von meinem Einsatz, dass sie mir den Strauß noch gerne geschenkt hätte. Mit gegenseitigem Dank trennten wir uns dann beide sehr glücklich.
Während meiner Weiterfahrt versuchte ich mir, meine Notlüge zu verzeihen, denn ich hatte ja nichts Böses getan. Zudem stimmte die Geschichte von meiner Geliebten und dem Baby – allerdings erst neun Monate später!

Ja, wir Menschen sind förmlich gesegnet mit unserer Vorstellungskraft, die wir selbst steuern können. Besonders wird sie in einer unserer Not-Situationen aktiviert so wie es heißt: Not macht erfinderisch.
Mit dieser Vorstellungsgabe können wir auch unsere Wünsche, Ziele, Vorhaben, Bedürfnisse und Träume bebildern und damit werden sie auch, wie automatisch, zur Erfüllung drängen.

Dazu will ich Dir noch eine jüngere Geschichte aus meinen Träumen beschreiben:
In meinem reiferen Alter hatte ich bei meinem Haus einen eher großen Garten. Um diesen etwas wildromantisch zu gestalten, erträumte ich mir darin einen riesigen Felsen.
In meiner Wunschvorstellung sollte er das Ausmaß von 8 Meter Breite und 4,5 Meter Höhe haben. Lange grübelte ich nach, wie ich diesen Traum verwirklichen könnte. Doch immer wieder wurde mir bewusst, dass es in der Realität unmöglich war, da niemand so einen Felsen transportieren

könnte. Drei Jahre lang flackerte dieses Traumbild immer wieder in mir auf. Doch nach all meinen beharrlichen Denkversuchen blieb nur Enttäuschung – bis ich meinen Traum noch ganz verwegen weiterträumte.
Es wäre ja perfekt, wenn der Felsen innen eine Höhle hätte und einen kaum sichtbaren Eingang dazu. Durch diese Vorstellung löste sich mein Problem schlagartig.
Ich ergatterte von einer Festspielbühne Kulissenteile aus faserverstärktem Spritzbeton und baute mit Stahlrohr verstärkt den erträumten Felsen mit Höhle und Eingang in echtem Erscheinungsbild. Meine und andere Kinder konnten darauf klettern und viele Erwachsene waren fasziniert von dieser Traumerfüllung.

Ich möchte mit diesen Geschichten nicht „angeben", sondern sie nur als Beispiel angeben. Sie sollen dir das Vertrauen auf deine Kreativität bestärken. Es ist hier ebenso mein wohlwollender Wunsch, als auch meine Überzeugung, dass du für deine Mitmenschen zum Segen wirst, indem du deine Träume ernst nimmst, sie mitteilst und dadurch freudig deine wahre Erfüllung findest.

Traumbilder

. . . sind die guten Geister, die unserem Leben Sinn geben.

. . . sind das einzige, was wir auf dieser Welt erfüllen können.

. . . sind das süßeste Heil- und Wundermittel, das uns bereits in der Vorstellung Freude, Energie und Motivation schenkt.

Fein, wenn andre für mich sorgen,
Verpflichtung tragen heut und morgen,
kann ich bequem und lässig ruhn,
und brauche selber nichts mehr tun.

schön oder was? -
über Fürsorge und Selbstverantwortung

Über die heute gebräuchlichen Gesellschaftsstrukturen in der technischen Hochkultur des zwanzigsten Jahrhunderts ist es nicht leicht, eine grobe Übersicht zu gewinnen.
Doch will ich hier versuchen, einen kurzen Einblick zu geben, natürlich nur aus meiner Sicht, um manches einfach wieder ins Bewusstsein zu bringen:

- *Schön, wenn wir für unsere Kleinkinder bereits Familienbeihilfe erhalten, um diese fürsorglich betreuen zu können. Weiters ist es erleichternd, wenn wir sie durch staatliche Einrichtungen in den Kinder-Hort oder Kindergarten zur Betreuung abgeben können. Besonders schön ist es, wie dann Pflichtschulen und Universitäten vom Bildungsministerium übernommen und geleitet werden. Auch ist es schön, wie fürsorglich verpflichtend der Fortschritt uns durch digitale Mittel näher gebracht wird. Direktionen kümmern sich um die Unterrichtszeiten, sodass Eltern kaum noch mit häuslicher Mittagsverpflegung aufwarten müssen. Auch ist es nahezu traumhaft schön, dass Schüler durch Busse und Bahn teils kostenfrei mobil sein können.*

- *Schön, wir können fast alle beschützt wohnen. Wir erhalten Baukostenzuschuss für ein Haus oder Wohnbeihilfe, sowie Zuschüsse auch in gestellten Wohnungen.*

- *Kaum jemand muss selbst noch überlegen, welche Tätigkeit in der Gesellschaft von Sinn oder Nutzen ist. Dafür stehen hilfsbereit Institute für den Arbeitsmarkt zur Verfügung, von welchen wir notfalls auch Arbeitslosengeld beziehen können.*

- *In anderen Notfällen ist es beruhigend und schön, wenn wir automatisch versichert sind. Wir dürfen in bezahlten Krankenstand und Ärzte oder Spitäler und Medikamente zum Gesunden nutzen.*

- *Schön zu wissen, dass wir vorsorglich zum Schutz unseres Heimes, Hausrat, bei Unfällen, Brand usw. abgesichert sind oder auch polizeilichen Schutz genießen dürfen.*

- *Letztlich ist vorgesorgt, dass wir Sozialhilfen oder auch überdurchschnittliche Pensionen erhalten.*

Ist das nicht schöööön?
Ja, all diese Vor- und Fürsorge haben wir führenden Mitmenschen und Organisationen in ihre Hände gelegt. Unsere Selbstverantwortung wird damit kaum noch gesellschaftlich erforderlich und unbedeutend.
Wir dürfen oder müssen nur noch dafür Steuern und Abgaben leisten, damit Führende dies entsprechend steuern können.
Und das ist keine leichte Aufgabe! Besonders dann, wenn die Betreuung gleichsam nicht nur für kleines regionales Umfeld, sondern für Millionen von Menschen gleich in mehreren Ländern allgemein bestimmt werden soll.

Was dabei mit unserer Eigenverantwortung schon geschehen ist, will ich dir anhand der Mobilität auf unseren Straßen beschreiben:

- *Im Durchschnitt sitzen wir bereits jährlich über einen Monat, berechnet mit acht Stunden täglich, entweder in Bussen und Bahn oder in unseren Autos. Für die Sicherheitsvorsorge werden viele zweckmäßige Maßnahmen gesetzt. Fahrzeugüberprüfungen, Kindersitze und Sicherheitsgurte werden vorgeschrieben und Geschwindigkeitsbegrenzungen angeordnet.*

Dank unseres Fortschrittes sind Fahrzeuge schon so ausgestattet, dass sie Geschwindigkeiten selbstständig einhalten, automatisch Einparken, Fahrspuren einhalten und teilweise noch autonom zum programmierten Zielpunkt führen. Was bleibt uns noch zu tun, außer unserem Dasein den geführten Verlauf zu lassen. Denn in Tunnels und zwischen Schallschutzwänden sind wir sowieso gezwungen, aussichtslos in der Spur zu bleiben. Unser selbstverantwortliches Fahren auf Sicht und Gefahr, das Freiheitsgefühl, der Spaß und viel unserer Lebensfreude schwindet dabei merklich.

- *Ebenso entweicht Selbstbestimmung in den Bereichen unserer Gesundheit. Viele Menschen kommen erst nach Schmerzsymptomen zum Arzt oder Spezialisten. Sie vertrauen ihnen wie den Bestimmungen der Gesundheitsämter und überlassen den empfohlenen Medikamenten und notfalls den Chirurgen ihre Gesundung, während sie meist aus Angst zur Vorsorge noch einige empfohlene Mittel und Angebote von „Experten" aus der Werbung konsumieren.*

So haben leider viele das Bewusstsein zurückgedrängt, dass ihr Körper mit ihren Lebensgewohnheiten, mit Bewegung, Ernährung, Luft und dem Seelenleben ihrer Psyche im Zusammenhang steht und sie letztlich selbst für ihre Gesundheit und ihr Wohlbefinden zuständig sind.
Den meisten erscheint diese Selbstreflexion über ihre gesamte Lebenssituation jedoch zu aufwendig, zu belastend, oder unnütz.

- *Die Selbstbestimmung wird ebenso in vielen Bereichen der Sicherheitsvorsorge mit kaum überschaubaren Gesetzen und Bestimmungen in der Landwirtschaft, im Bauwesen oder im Pflegebereich durch stark verwirrende Dokumentationen oder*

Ansuchen eingedämmt und genommen. Es werden vielfach durch willkürlich gesetzte Förderungen die tatsächlichen Benutzer öffentlicher Einrichtungen damit begünstigt, nur weil viele Nichtbenutzer die Kosten durch ihre Steuergelder mittragen müssen.

Somit entsteht keinerlei Möglichkeit einer Mitbestimmung durch die allgemein bestimmten Förderungen.
Real betrachtet bezahlen wir indirekt die Unterstützungskosten für nichtgenutzte andere Bereiche:

Busbenutzer fördern mit den Theaterbesucher, der Museumsbenutzer den Busbenutzer oder wieder umgekehrt. Parkbesucher finanzieren, mit Kunstwerke welche sie nie unterstützen wollten. Dieses System macht auch Schule bei Abgabegebühren, wie beispielsweise bei Nichtnutzern von Fernsehsendern.
Damit kommt nach dem Verursacherprinzip niemand rein selbst für den tatsächlichen Kostenaufwand auf.
Zweifelsfrei ist es sozial angedacht, dass mit allgemeinen Steuergeldern des Volkes Begünstigungen bestimmt werden.
Einige Menschen, wünschen oder fordern sogar noch mehr Zuwendungen, vielleicht in Erwartung eigener Vorteile, die dann natürlich wieder zu Lasten der Allgemeinheit anfallen.

Zusammenfassung: *Selbstverantwortung wurde durch vorgeschriebene Fürsorge von Verordnungsämtern immer mehr zurückgedrängt und weniger erforderlich. Bürger wurden wohlgeleitet entlastet, aber damit in vielen Bereichen zunehmend schleichend entmündigt. Vielleicht wurden sie auch aus mangelndem Vertrauen für zu dumm gehalten, um eigenständig zu denken und zu handeln. Vielleicht aber auch ein bisschen, um Kontrolle und Macht über sie zu haben.*

Gute Lösungen zwischen Selbstverantwortung und sozialer Fürsorge zu finden, ist natürlich nicht leicht. Doch wenn Eigenverantwortung in unserer Gesellschaft wieder genügend Vertrauen findet, darf auch Nächstenliebe wieder mitwirken für ein dankbares und genussreiches Miteinander.

Hier möchte ich nur zur Überlegung geben, ob sich nicht natürliche Selbstregenerierung und mehr persönlich Soziales entwickeln könnte, indem Menschen für die regulären Kosten nach dem Verursacherprinzip aufkommen würden und damit Zweck, Genuss und Benutzung der Angebote aus eigener Wertschätzung mitbestimmen könnten?

Hilfreich sind jene Menschen,
die anderen gute Wege zeigen,
aber sie selbst entscheiden lassen,
diese zu gehen!

. . . ich, du und der da –

über die Nächstenliebe

Gerne lade ich dich dazu ein, dir mit mir einige Gedanken über „die Nächstenliebe“ zu machen.
Eine biblische Empfehlung lautet:
„Liebe deinen Nächsten wie dich selbst“, was uns sagt, wir sollten vorerst einmal an uns selbst denken.

- *Lieben und schätzen wir unser Dasein so, wie wir sind?*
- *Be-Achten wir uns selbst als ein wertvolles Geschenk der Schöpfung – unseren Körper, unseren Geist und unsere Seele?*
- *Erfreuen wir uns am Leben auf dieser Erde, in dem wir frei und selbstbestimmend wirken dürfen?*

Ja, so könnten wir sagen, dass Eigenliebe ein gesunder Egoismus ist, in dem wir uns selbst als wertvollen Menschen betrachten und daher in guter Gesinnung auf uns selbst achten.
Wenn du oder ich uns so in Liebe selbst vertrauen und schätzen, werden wir wahrlich stets mit einem beglückenden Lebensgefühl ausgestattet sein.
Nun, du wirst verstehen, dass wir erst mit diesem Selbstwert auch entsprechende Achtung und Mitgefühl – also Empathie für unsere Mitmenschen entwickeln können.

. . . zum viel umfassenden Wort „Liebe“ noch eine meiner einfachen Beschreibungen:

Wahre Liebe

. . . ist das freudige Wirken in guter Gesinnung
zu sich selbst, an einem Mitmenschen
oder an der gesamten Schöpfung.
. . . ein beglückendes Gefühl!

„Wer ist eigentlich mein oder dein Nächster?“

Lass uns etwas Augenmerk nun auf diese Frage richten.
Eine logische Antwort wird sein: Natürlich ein Mitmensch welcher uns nahe ist, ist mein Nächster. Jemand den wir sehen, hören, riechen und begreifen können. Besonders dieser, der uns auch seine Freuden, Sorgen oder Bedürfnisse anvertraut.
Dies sind beispielsweise Lebenspartner, Freunde, Kollegen und können gleichsam alle sein, die uns begegnen und somit uns am nächsten sind.

Mit Sicherheit müssen wir nicht alle Eigenheiten an unseren Nächsten lieben, so wenig wie auch nicht alle eigenen. Ich denke es wird genügen, wenn wir das Dasein unserer Nächsten in ihrer Andersheit beachten, respektieren, ihnen würdevoll begegnen und sie als gleichwertige Mitmenschen schätzen. Wenn wir so unseren Nahestehenden ihr Leben gesund und freudig gönnen und aus unserem ehrlichen Herzen dazu noch hilfreich sind, wird es bereits wahre Nächstenliebe sein.

Nun, nicht alle Menschen auf unserer Erde sind unsere Nächsten, denn es gibt viel mehr, die weiter weg, nicht in unserem Umfeld leben. Wie sollten wir solche Unbekannte lieben können – da wir von diesen nichts sehen, nichts hören, nichts erfahren und nichts be-greifen können? Solche Menschen, wie diejenigen, die unseren Umkreis verlassen haben, leben von uns entfernt, bleiben oder werden uns fremd. Der biblisch empfohlene Hinweis lautet jedoch nicht:
„Liebe deinen Entfernten – sondern deinen Nächsten!“.

Ich bin mir am nächsten
und mein Nächster ist mir nahe

. . . der mir Ferne hat mit seinen Nächsten selbst genug zu tun.

Dazu noch einige Gedanken:
Oft erfahren wir über Medien oder Hilfsorganisationen von in Not Geratenen und Katastrophenopfern in entfernten Ländern. Hier können wir Nächstenliebe meist nicht persönlich einsetzen. So leisten viele von uns Geld- oder Sachspenden im Vertrauen auf die Hilfsorganisationen.
Danach können wir uns kaum darum kümmern, wie und ob dann tatsächlich den Betroffenen hilfreich gedient wurde.
Solche Hilfsspenden werden meist aus echtem Mitgefühl geleistet und können somit als edle Hilfestellung und wahre Liebe bezeichnet werden.

Doch ebenso erfolgen manche Spenden auch aus anderen Motiven oder zum Eigennutz. Eine gute Tat kann das Gewissen beruhigen oder die Hoffnung auf einen sicheren Platz im Himmel erhöhen. In Medien erwähnt können Spenden das Ansehen aufwerten und sind steuerlich absetzbar. Unrecht besteht dort, wo „ganz Schlaue“ versuchen, mittels Hilfsaktionen eigene Gewinne abzuschöpfen.

Bei Überschwemmungen, Sturmschäden, Katastrophen usw. werden vom Staat oft hilfreich soziale Güter oder Gelder in Milliardenhöhen geleistet. Allerdings kann es auch hier hinterfragt werden, ob allgemeine Förderungen aus echtem Mitgefühl beschlossen wurden, oder ob andere Interessen, wie wirtschaftliche Sanierungen, Wahlen oder gar Kriegsstrategien dahinterliegen. Es wäre dann unrecht, wenn diese scheinheilig als Nächstenliebe bezeichnet werden würden.

Eine „Übernächstenmission“:
Als Jugendlicher wollte ich unbedingt Laienmissionar in Neuguinea werden. Mein größerer Bruder meinte ablehnend: „Wenn du schon anderen helfen möchtest, hier im Land hättest du genügend zu tun. Du musst nicht in die Ferne flüchten, um Nächstenliebe zu leben.“ So erkannte ich, dass nicht das „Wo“ maßgeblich ist, denn in Wahrheit kann ich immer nur da wirken, wo ich gerade bin und wo ich meinem Nächsten begegne.

Glück und Segen der Nächstenliebe

In den Jahren meines Zirkuslebens als Artist durfte ich erstaunliche Erfahrungen machen. Gleich zu Beginn der Saison hatte mein Auto nicht mehr funktioniert, worauf mir der Chef der Zirkuskapelle die Autoschlüssel seines neuen Opel überreichte mit den Worten; „Fahr halt damit deine Freundin abzuholen.“ Ich war überrascht über den selbstverständlichen Zusammenhalt in dieser Zirkusgemeinschaft, obwohl und vielleicht auch gerade weil wir oft harte Zeiten erlebten.
Gemeinsam mussten wir früh um drei Uhr morgens mit Traktoren die Wagen aus dem Schlamm ziehen. um in eine neue Stadt zu ziehen, das Zirkuszelt aufbauen, die Tiere versorgen, Organisieren, Lebensmittel besorgen, Werbung verbreiten, trainieren und die Vorstellungen vorbereiten. Alles geschah als ein selbstverständliches Miteinander. Fürsorglich wurden Arbeiten aufgeteilt und bewerkstelligt. Während die Kinder Schulaufgaben machten, oder schelmische Spiele trieben, fütterten die Senioren die Bären oder Affen. Zwischen den Vorstellungen saßen wir Erwachsenen oft in der Manege zusammen. Wir verteilten dabei nicht nur die notwendigen Arbeiten, sondern machten auch freizügig Mitteilungen über alle persönlichen Ansichten und Anliegen. Dabei genossen wir auch mehrfach ausgefallene Wettstreit- oder heitere Geschicklichkeitsspiele. Nach entsprechend erfolgreichen Vorstellungen feierten wir fallweise, wie eine große Familie, in netten Gaststätten bescheiden oder auch großzügig unser Dasein. Damals waren wir nicht krankenversichert und handelten in Notfällen die Kosten für Gesundheitsbehandlungen mit dem jeweiligen Arzt persönlich aus. Auch dabei erlebte ich sehr fürsorgliche Behandlungen von empathischen Medizinern.
Es war ein Glück, den Beistand von Mitmenschen und Zirkuskollegen zu erhalten, sowie gerne füreinander da zu sein.

Speziell die gegenseitige Achtung und der Zusammenhalt dieser Zirkusfamilie gaben mir ein vertrautes Lebens- und wohltuendes Geborgenheitsgefühl.

Auch später, als ich meinen selbständigen Werbebetrieb aufbaute, konnte ich auf viele nette Menschen treffen, die mich dabei hilfsbereit unterstützten. Es gab viele liebevolle Gönner, die mir vertrauensvoll Aufträge zukommen ließen und meine Tüchtigkeit und meine Leistungen schätzten. Daraus entwickelten sich einige herzliche Geschäftsbeziehungen mit gegenseitiger Achtung. Bald gelang es mir, bereits mit einigen lebensfrohen Angestellten gemeinsam zu wirken. Aus eigener Fußballbetriebsmannschaft wuchsen viele herzliche Freundschaften, in denen Spaß, Sport und Hilfsbereitschaft wie selbstverständlich gegeben und genossen wurden.

Ja, und bis zum heutigen Tage will ich dankbar sein für die vielen Glücksgefühle, die ich durch Mitmenschen erleben durfte. Ich sehe mich beschenkt in meinem solidarischen Umfeld mit all den vielen familiären, nachbarschaftlichen und kollegialen Zuwendungen, der Hilfsbereitschaft und den wohlgesonnenen Worten. So wurde ich in meinem Leben beschenkt mit Stärke, Vertrauen, sozialem Sicherheitsgefühl und Lebensstabilität, durch die Liebe meiner Nächsten, die ich empfangen und auch spenden dürfte.

Aus der Nächstenliebe
entspringen die gesunden Wurzeln,
die unser Dasein stabilisieren und
unsere Lebensfreude erblühen lassen.

Kommt eine Kältewelle über die Nächstenliebe?

Wie du lieber Leser bestimmt schon bemerkt hast, versuche ich jeweils kritisch unterschiedliche Standpunkte beleuchten, um gegenseitige Wahrnehmungen nicht abzulehnen, oder auszublenden. So will ich hier auch die unangenehmen Realitäten aus meinen Erlebnissen und aus der Perspektive weniger begnadeter Mitmenschen, sowie der Gesellschaft mutig betrachten.

Erst kürzlich wollte ich zwei Briefe abschicken und ging zur Post. Durch eine längere Eingangshalle kam ich an den kundenleeren Schalter, an welchem zwei junge postbedienstete Frauen standen, als ob sie nur auf mich warteten. Ich wollte meine Briefe zur Aufgabe überreichen. Da verlangte die Dame von mir das Ticket. Nach meinem verwirrten Erstaunen erklärte sie mir ausgesprochen unfreundlich, dass ich zurück zum Eingang muss, um am Automat zuerst ein Ticket zu entnehmen. Während ich verstört den Sinn nicht begriff, sagte sie schnippisch: „Das ist Vorschrift!“ Kurz darauf reichte mir unverhofft ein aufmerksamer junger Mann freundlich ein Ticket, welches er für mich gezogen hatte. Erst nachdem die Postangestellte das Ticket entsorgt hatte, nahm sie meine Briefe an.
Bei diesem bedeutungslosen Ereignis ist mir aufgefallen, dass die mittlerweile vielen Automaten und Vorschriften weder für Freundlichkeit, noch für Nächstenliebe förderlich sind.

Ja, wir nutzen und beschäftigen uns derzeit immer mehr mit Automaten, technischen Einrichtungen und digitalen Geräten, die einen Großteil unserer Lebenszeit in Anspruch nehmen. Viele Menschen bedienen beruflich nur noch Maschinen, sitzen in Betrieben täglich am PC oder verbringen enorme Zeit allein in

ihren Fahrzeugen und teilweise im Stau. Vielleicht hast du auch schon wie ich beobachtet, wie in einem Restaurant vier Personen an einem Tisch sitzen und jeder wortlos vertieft mit seinem Handy beschäftigt ist, ohne seine Mitmenschen zu beachten. Oder hast du nicht auch bemerkt, wie viele in ihren Wohnungen ihre Zeit verbringen vor dem: „Spieglein, Spieglein an der Wand“, oft stundenlang im Fernsehland?
Ja, und auch im Bereich der Gesundheit werden Diagnosen vorwiegend mit technischen Apparaturen bestimmt, wodurch ausführliche Gespräche über die Krankheitsursachen meist weniger Beachtung finden.
Natürlich haben alle Menschen die Freiheit, einem Nächsten achtungsvoll sowie freundlich zu begegnen, Blumen zu schenken und in ihrem Umfeld Nächstenliebe zu leben, doch die kalten Kontakte mit fortschrittlichen Apparaturen oder künstlicher Intelligenz scheinen menschliche Zuwendungen eher zu beeinträchtigen.

Ersetzt geregelte Vorsorge die Nächstenliebe?

Wir sind automatisch krankenversichert, der Beitrag wird bereits von unserem Lohn abgezogen. Allerlei Schäden an Besitztümern werden von Versicherungen gedeckt. Selbst wenn wir keine Arbeit haben, bekommen wir Arbeitslosengeld. Dazu gibt es noch viele gemeinnützige Einrichtungen und Zuschüsse. In all den sozialen Bereichen leben wir so in einem vorsorglich gut betreuten und geborgenen System. Also worüber müssen wir uns noch Sorgen machen, oder Fürsorge für unsere Nächsten leisten? Wo sind wir in unserer Gesellschaft noch angewiesen auf persönliche Zuwendungen fürsorglicher Art?

. . . dazwischen eine Geschichte über Beeren:

Auf einem ländlichen Anwesen in abgelegener wilder Natur durfte ich in der Sommerzeit einige Familienwochen begleiten. Die Eltern wie die Kinder kamen hauptsächlich aus stadtnahen Siedlungen und hatten noch eher wenig Bezug zur Natur. So fand ich es zu Beginn sinnvoll, jeweils eine kurze Wanderung zur Erkundung zu machen, um Pilze und Früchte der Umgebung zu beachten. Bald zeigten die Kinder stolz ihre Hände voll gepflückter Walderdbeeren und Himbeeren. Meist fragten Mädchen, ob man die schwarzen Beeren auch essen kann und zeigten ihre gepflückten Brombeeren. Darauf sah ich mich veranlasst, ihnen auch die verführerisch glänzenden, dunklen Kirschen zu zeigen, die in dieser Gegend wachsen und erklärte die tödliche Gefahr dieser giftigen Tollkirschen, damit sie nicht in Verlegenheit kommen können, diese zu essen. Mit diesem Bewusstsein konnten Kinder und Erwachsene dann die schädlichen meiden und vertrauensvoll die gesunden süßen Beeren genießen.

Aus gleichem Grund will ich hier auch einige Zeilen verwenden, um nicht nur die für uns gesunden Dinge, sondern auch manche schädliche List oder Täuschung aufzuzeigen, um sie dadurch meiden zu können. Denn leider gibt es auf diese Erde nicht nur Nächstenliebe, sondern ebenso Heuchelei, Lügen, Neid, Gier und Hass.

Es ist für mich verständlich, wenn du all diese, eher bedrückenden Bilder lieber nicht sehen oder gar zensurieren möchtest. Doch vielleicht gelingt es dir einen positiven Nutzen daraus zu ziehen, indem du sie kurz ins Bewusstsein lässt, um die Möglichkeit zu haben, aus jeweils verschiedenen Blickwinkeln das für dich Gute und Böse, aber ebenso Wahrheit oder List zu erkennen und zu unterscheiden.

. . . was der Nächstenliebe nicht förderlich ist.

Sicher nicht allgemein, doch führte in den letzten Jahrzehnten die Entwicklung zu einem „Ich bezogenen" Konsumverhalten. Viele haben sich tüchtig einen möglichst annehmlichen Wohlstand erschaffen, mittels Förderungen, Krediten, Finanzierungsplänen, oder entsprechender Vererbung.
Kapitalisten sind zu riesigen Reichtümern und Luxusgütern gekommen, Bürger haben sich mit Fleiß Haus und Garten erschaffen und zu ansehnlichem Wohlstand gebracht. All diese finden gute Lebensbedingungen, während ein Großteil anderer oft mit geringen Einkommen nur dank Wohnungszuschüssen ihre Miete bezahlen können. So entstanden je nach finanziellen Mitteln mehr Freiheiten oder Einschränkungen. Doch alle in unserer Gesellschaft werden aktiviert mit verführerischen Angeboten unserer Wirtschaft, die ein starkes „Ich bezogenes" Streben verursachen. Damit sind viele mit ihren eigenen Anliegen beschäftigt und vielleicht auch froh, sich nicht mit ungleichwertigen, oder den nächsten Nachbarn befassen oder auseinandersetzen zu müssen. So hat sich in unserer strebsamen Konsumgesellschaft eine riesige Kluft an Reichtümern, Besitz, Machtansprüchen und Geld aufgetan, sowie eher ein egoistisches Verhalten etabliert.
Weltweit sind es nur wenige Herrscher und Wohlhabende, die die Schätze und Schönheiten unserer Erde ungleich für sich in Anspruch nehmen und viele, die bescheiden um ihr Dasein kämpfen müssen. Dabei könnte auffallen, wie es eher Bescheidenen unter uns meist besser gelingt, Verständnis für ihre Nächsten zu finden und Brot und Gesellschaft oder Güter mit ihnen zu teilen.

Lass uns noch einige zeitkritische Gedanken über die gesellschaftlichen Einflüsse setzen.
Nicht nur das Zuviel an Verkehr oder an Wirtschaftgütern, sondern auch das Zuviel an beängstigenden Nachrichten, gegensätzlichen Botschaften von Experten, ständig prophezeiten Gefahren und Feindbildern . . . genauso wie zu viele Wörter und Abkürzungen mit oft unverständlichen Begriffen, schaffen uns manche unliebsame Probleme. Zu viele unüberschaubare Gesetze oder Maßnahmen schränken manche Freiheiten und individuelle Selbstbestimmung ein.
All dieses Geschehen bewirkt in den meisten von uns große Unsicherheit, Verwirrung und Spaltung.
Und wir können uns zu wenig an wohlgesetzten Zukunftsbildern laben, welche uns frei und unbesorgt leben lassen.
Viele ziehen sich zum Selbstschutz weiter zurück, begegnen andern aus Vorsicht eher feindseelig oder sind in Gefahr zu vereinsamen. Manche vertiefen sich in ihre Arbeit oder lenken sich mit wenig Sinnvollem ab.
Mir persönlich fehlt eine wahrhaft liebevolle Art der Führenden. Wir sehen und hören zwar vielversprechende kalte Worte einiger Politiker mit durchwegs verhärmter Miene, doch die meisten bekämpfen oder beschimpfen sich und werten sich gegenseitig ab und beschließen oft willkürliche Maßnahmen.
Es ist nicht klar, ob die erhaltene Machtposition oder eine wirtschaftliche Gier manche so empathie- und lieblos gemacht hat. Und sollten das unsere großen Vorbilder für ein friedliches Leben in gegenseitiger Achtung und mit Nächstenliebe sein?

Anschließend will ich noch, ohne die Notwendigkeit oder Sinnhaftigkeit mancher Maßnahmen zu hinterfragen, nur einige Einschränkungen benennen, die in der Vergangenheit viele Seelen belastet haben und Nächstenliebe nicht gerade gefördert haben:

- *durch Furcht konnten wir schwer Freude finden.*
- *durch Abstand sollten wir uns nicht mehr die Hand reichen oder uns umarmen.*
- *durch Zwang dürften wir kaum selbstbestimmen leben.*
- *durch Mundverhüllung bekamen wir schwer Luft und mussten unser wahres Gesichtsbild einschränken.*
- *durch Ignoranz konnten wir keine Anerkennung finden.*
- *durch Absonderung erlebten wir kaum Gesellschaft.*
- *durch Zensur konnten wir keine eigene Meinung äußern.*
- *durch Entmachtung konnten wir nicht mehr mitwirken.*
- *durch Spaltung zerbrachen Freundschaften und Familien.*
- *durch Einschränkungen durften wir freie Natur wenig erleben, Baden, Singen, Musizieren und Sport betreiben.*

Es ist besonders unseren Kindern zu erwünschen, dass sie neben den Vorteilen unserer Gesellschaft sowie der Digitalisierung auch das Glück haben, noch echten Mitmenschen zu begegnen. Denn nur dadurch dürfen wir alle Nächstenliebe erfahren und schenken. Sie ist die Voraussetzung für ein menschliches und friedliches Miteinander, indem wir auf unseren Nächsten achten, mit ihm unser Dasein auf dieser Erde teilen. Und das betrifft uns alle, im Kleinen wie im Großen. Statt Distanz sollten wir Nähe schaffen, um uns gegenseitig mit-teilen zu können, denn bereits darin liegt eine Quelle des Friedens und unseres Lebensglücks.

Der Schlüssel für ein friedliches Miteinander ist das Teilen der Schönheiten und Schätze dieser Erde.

Nächstenliebe . . . eine wahre Geschichte: Teil 1

Eine Frau hatte es durch Fleiß zu einem guten Mittelstand gebracht. Sie hatte aber nicht vergessen, wie sie als Kind noch die letzen Weltkriegsjahre erlebte und selbst in Armut sowie mancher Not aufgewachsen war. Vielleicht hatte sie deshalb oft auf notleidende Mitmenschen geachtet und gerne hilfreichen Beitrag geleistet.

Eines Tages bat sie ihren starken jüngeren Bruder um Mithilfe für eine geplante Aktion. Es war der Tag vor dem Weihnachtsabend als dann Schwester und Bruder, große schwere Körbe mit Lebensmitteln auf zwei Schlitten banden und diese zu Fuß vom Dorf Richtung Berg zogen. Es war so viel Schnee gefallen, dass kein Fußweg mehr erkennbar war. Und so stapften und zogen die beiden in der Kälte etwa zwei Stunden mühevoll die schwere Last bis zu einem abgelegenen alten Haus. Nach dem Klopfen an einer Türe wurden die beiden eingelassen, um sich aufzuwärmen und waren überrascht und erstaunt über den Anblick, der sich ihnen bot.

In einem einzigen Raum des Hauses, welcher lediglich ein Ausmaß von etwa 4,5 x 5 Meter hatte, lebte vierzehn Menschen mit ihrem gesamten Hab und Gut: Ein schlaksiger Vater, eine kranke Mutter, zehn Kinder vom Säugling bis zu Jugendlichen, davon ein schwer Behinderter und dazu noch zwei gutmütige Onkel. Als von der Frau und ihrem Bruder die Lebensmittelkörbe übergeben wurden, brach wohl ein unbeschreibliches Geschehen aus. Unglaubwürdiges Schweigen und Erstaunen verwandelte sich langsam in lautes Kinderkreischen und vermischte sich mit glückseeligen Tränenflüssen.

. . *eine wahre Geschichte: Teil 2*

Der Bruder war von der weihnachtlichen Hilfsaktion seiner großen Schwester sehr beeindruckt. Bald darauf erkundigte er sich bei der Familie nach ihrer Lebenssituation. Der Vater wollte anhand seiner handwerklichen Fähigkeiten die alte Hinterlassenschaft mit Unterstützung seiner größeren Kinder und den Onkels zu einem entsprechenden Wohnheim ausbauen. Die Errichtung eines Zubringerweges wurde vom Amt nicht erlaubt. Zusätzlich bekam er anstelle einer behördlichen Ausbaugenehmigung einen Baustop-Bescheid gegen Strafandrohung. Dazu kam, dass der Vater nach einem Krankenstand arbeitslos wurde. So kämpften sie ums tägliche Dasein. Selbst lebenswichtiges Wasser mussten sie stets in Eimern aus einem entfernteren Brunnen holen und dennoch versuchten sie fürsorglich für ihre Gemeinschaft das Möglichste zu tun.

Der beeindruckte Bruder empfand es als seine Aufgabe, hier notwendige Hilfe zu aktivieren. Er versuchte durch persönliche Gespräche auf die Notsituation aufmerksam zu machen und bat mittels Zeitungsberichten um Unterstützung jeglicher Art. Nach spärlichem Erfolg gelang es einige Spenden an Holzplatten und Baumaterialien zu bekommen. Unter Mitarbeit seines Freundes, des Vaters, den größeren Söhnen und der Onkel transportierten sie mit einem „Horner“ (großer Schlitten) die Baumaterialien kräfteraubend über steile Hänge zum Haus. Dann griffen sie zur Selbsthilfe und zimmerten spontan im Scheunenbereich als Notlösung zwei einfache Schlafräume zur allgemeinen Freude der ganzen Familie.

Wahre Hilfe dient nur dem Ziel oder Wunsch des Notleidenden oder Bedürftigen.

Wo Geld und Gier und Macht sich ringt,
meist allem Volk viel Unheil bringt.
Wir brauchen Führer, die uns dienen,
und höchstens wie wir gleich verdienen.
Drum müssen wir in Zukunft wählen,
solche, die uns nicht bestehlen,
menschliches Umfeld gut verwalten,
Freude in Freiheit mitgestalten.

verrückte Märchenwelt -

über reale Menschheitsgeschichten

Wenn du nicht nur in betonierten Gebäuden oder in Einkaufszenten verweilst und offene Augen hast, brauche ich dir kaum etwas über die unvorstellbar vielen Naturschönheiten der Erdkugel berichten. Es ist ein riesiges Paradies an Bergen und Tälern, an Seen und Flüssen mit Millionen Pflanzen und Tierwesen. Und all dies darfst du in deinem Leben bestaunen und genießen. Dazu gibt es wahrscheinlich in der Überzahl viele Menschen, die in Zufriedenheit mitwirken und dir ein liebevolles heiteres Leben ermöglichen.
Willkommen in der paradiesischen Märchenwelt dieser Erde, auf welcher es manchmal auch besonders verrückt zugeht.

So wird darüber in vielen Märchen von guten und bösen Geschichten erzählt. Es gibt sowohl fleißige, ehrliche Bürger, die Hilfe leisten, wo Not ist, und es gibt solche, welche gierig und rücksichtslos nach Macht und Gold streben.
Auch die Bibel erzählt von friedliebenden Fischern und dem heilbringenden „Erlöser" und auch von Herrschern in Palästen die versuchten, ganze Völker auszurotten.
Es spiegelt sich das verrückte Menschheitsgeschehen in Westernfilmen, wo gierige Großgrundbesitzer die Siedler vertreiben, berauben oder erschießen. Wie sie den Sheriff bestechen, um dann auch noch das Gesetz auf ihrer Seite zu haben. Wie dann Angst, Schrecken und Feigheit in den Siedlern entsteht, bis ein mutiger Cowboy sich für Gerechtigkeit einsetzt, geschickt gegen eine Übermacht von gekauften Revolverbanden kämpft und nach dem Sieg, tot oder lebendig, zum Held wird.
Ebenso kennen wir die realen Geschichten aus den vergangenen Zeiten der Könige. Es gab welche, die mit Herz und Verstand großzügig ihr Volk regierten, wieder einige, die ihr Volk versklavten, die in grausamen Kriegen immer mehr Länder erobert haben und nie genug bekamen. Ausgelöst wurde dieses Treiben meist durch leere Schatztruhen im Königreich.

Zuerst versuchten die Herrscher, durch höhere Steuern ihre Truhen wieder aufzufüllen oder durch Strafen, Auspeitschungen oder Brandzerstörung das Letzte den armen Bürgern zu nehmen. Und wenn dies nicht half, sandten sie tödlich bewaffnete Ritter aus, um das Volk willkürlich zu berauben.

Zu diesem Thema ein kleiner Einblick aus der Geschichte:

„Das Kloster der Maustürme“

Die Mönche in diesem Kloster waren damals gebildete Menschen, die Zeit und Übersicht hatten über das Geschehen im Lande und dessen Bürger.
Sie erkannten den Fleiß, aber auch das Leiden im Volk. So wussten sie auch von der jährlichen Mausplage, die in den Scheunen der Bauern viel Korn vernichtete. Fürsorglich entwickelten sie wie Engel zum Schutz der Ernte eine Idee.
Sie ließen in ihrem Kloster zwei Maussichere Korntürme errichten und gaben den Bauern die Möglichkeit, alles Korn in diese Maustürme zu bringen, damit es in der kalten Jahreszeit unbeschadet bleibt. Im Sinne des ganzen Volkes durfte jedoch kein Bauer eigenes Korn in seinem Hof der Mausplage aussetzen, um eine drohende Hungersnot zu vermeiden. Und natürlich übernahmen dann die damaligen Seelsorger und hochwürdigen Mönche ehrenamtlich die Verteilung des Korns nach Bedarf.
Gegen Ende der kalten Jahreszeit wurde der Vorrat knapp und so hatten immer mehr Hunger. Nur die Mönche konnten sich weiterhin an geistigen und leiblichen Genüssen laben. Doch niemand getraute sich, eine Ketzerei gegen die unantastbaren Kirchenfürsten zu beginnen, selbst wenn einigen Mitbürgern auffiel, dass die Bäuche der Mönche immer fülliger wurden.
Nun, mit den fürsorglich gemeinten Maßnahmen wurde jedoch die Mäuseplage weder ausgerottet, noch reduziert, denn die Nagetiere machten sich über das Tierfutter und alles andere her. So wurden auch andere Nahrungsmittel wie Fleisch eben-

so rarer. Viele Bürger wurden verärgert, zerstritten und misstrauisch. Die Klosterbrüder aber ließen sich nicht erweichen und gaben den Bestand nicht heraus. Als glaubhafte Erklärung gaben sie an, im göttlichen Auftrag das Korn als Saatgut weiter zu bewahren.

Dies ist eine Glaubensgeschichte, doch egal, ob man nun die Mönche als fürsorglich heilige Engel betrachtet, oder ob man dahinter die schwarze Seele mancher Teufel erkennen mag.
Wir erfahren leider immer wieder von legalisierten Morden durch Erschießen, brutalen Druckmitteln, Gift oder Bomben. So finden auf der Erde erneut Kriege, Zerstörung und schreckliches Leid statt. Bis zum heutigen Tag haben sich Plagen und Unsitten – aber auch der gute Wille der Menschheit nicht grundlegend verändert. Nach wie vor arbeiten viele Bürger tüchtig, achten auf ihre Umwelt, pflegen ihren Garten oder ihre Tiere und wirken liebevoll in ihren Familien.
Aber auch die Machenschaften der Führenden haben sich in jüngster Zeit kaum verändert, nur die Methoden, Ideen und Waffen wurden andere, doch das System blieb, oder wird auch stets gleich bleiben. Es werden gesundheitsbedrohende Furchtbilder prophezeit und beispielsweise statt zerstörenden Mäusehorden, entweder „Horden von Vogel- oder Schweineviren“, mögliche Umweltkatastrophen, Waldsterben, Atomkriege oder anderes verbreitet. Damit können dann von den „Obrigkeiten“ beliebige Schutzmaßnahmen als notwendige Vorsorge getroffen und legitimiert werden. Auch wenn diese zum Schaden der Bürger ausfallen, können Verantwortliche sich, wie schon in römischen Geschichten, den Ruhm zuschreiben. So können gemachte Fehler, zur besseren Variante erhoben werden, also letztlich immer als richtig gerechtfertigt werden, oder dabei möglicherweise gemachten Eigengewinne zu verschleiern.
Weiteres haben die heutigen Machteliten längst andere modernere Möglichkeiten, ihre leeren Kassen aufzufüllen. Sie brauchen keine Raubritter mehr auszusenden, um Goldmünzen einzutrei-

ben, sondern können Geld dank Digitalisierung fast unbegrenzt steuern, vermehren, ins Volk streuen und durch Inflation beliebige Gewinne erzielen.
Natürlich gäbe es weitere kreative Methoden von Lobbyisten, um ihr Traumziel einer globalen Herrschaft zu erreichen. Unterstützend wäre anstelle einflussreicher Marktschreier und Sheriffs nun Medien sowie Gesetzgeber auf die eigene Seite zu ziehen. Dadurch wäre sowohl eine intelligente Kunstform der Volksberaubung und auch nahezu eine weltweite Allmacht vielleicht zu erreichen.

Diese Möglichkeiten erscheinen mir wichtig zu erwähnen, denn sowohl die wahren Märchengeschichten aus der Vergangenheit, als auch die derzeit realen Geschehnisse, Gefahren und Machenschaften sollten wir nicht einfach blind übergehen und auf Helden oder Märtyrer warten.
Indem wir sie furchtlos selbst-kritisch betrachten und mutig mit Herz und Hirn prüfen, wird es uns besser gelingen, für gute Gemeinschaften und gesundes Geschehen mitzuwirken.
Vielleicht gelingt es damit, unser jeweiliges Dasein auf der Erde, wie schon vergangene Menschheitsgeschichten als normal zu bewerten, denn wir sind noch nicht im Himmel!

Ein JA zum Leben

. . . ist in meiner Betrachtung ein JA zur Schöpfung mit all den Schönheiten und Gefahren dieser Erde.

Wir alle dürfen eine Zeit auf dieser Erde verweilen, all die Naturgeschenke nutzen, sowie mit den gegebenen Fähigkeiten leben und verändern, was in unserer Macht steht, aber auch erkennen und lassen, was wir nicht verändern können.

So sollten wir akzeptieren, dass wir als kleine Wesen an Grenzen kommen und manchen Geschehnissen wie dem Altern, Naturkatastrophen, Erdbeben oder Vulkanausbrüchen meist machtlos gegenüberstehen.
Ebenso sollten wir die Welt annehmen mit all den darauf oft bedrohlich existierenden Gefahren, wie wilde Tiere, kriegerische Menschen, giftigen Pflanzen, Bakterien, Viren usw.
Und erst indem wir nicht nur die gottgegebenen Schönheiten und Annehmlichkeiten, sondern auch die gottgegebenen Gefahren des gesamten Universums akzeptieren, sagen wir ein wahrhaftes Ja zu unserem Dasein.

Schon einige haben sich gedacht,
sie können durch verliehene Macht
einfach einmal ausprobieren,
global das Volk zu dirigieren.

Am Ende,
wie die unterdrückten Massen,
werden auch sie die Welt verlassen.

Und solche,
die mithelfen zu schinden,
weil sie für sich einen Vorteil finden,
sich vor bestimmtem Irrsinn bücken,
Mitmenschen hinunter drücken,
die können nur in Frieden Ruh´n,
wenn man verzeiht, was sie hier tun.

Du darfst darauf vertrauen,
dass sich wie das Wetter, alles auf dieser Erde,
immer wieder und wieder verändert.
Hab Vertrauen und Mut für das Abendteuer
deines Lebens.

Angst oder Furcht –

und über das Vertrauen

Angst
ist ein naturgesetzter Hinweis auf eine real akute Gefahr.

. . . ich bezeichne das Gefühl der Angst als hilfreichen Hinweis auf eine momentan wahre Gefahr. Wir können die Gefahr mit unseren Sinnen bewusst wahrnehmen und bekommen das Gefühl der Angst, wenn z.B. plötzlich und unerwartet ein Auto direkt auf uns zurast.
Wie automatisch achten wir damit auf unsere Gesundheit und können darauf reagieren, ausweichen, bremsen, kämpfen, schreien, erstarren . . .
So dürfen wir also stets darauf vertrauen, vor einer realen Gefahr persönlich gewarnt zu werden. Die Schöpfung selbst weist uns fürsorglich darauf hin. Wir können uns stets darauf verlassen und somit frei und freudig unsere Wege beschreiten.

***Furcht** ist nur*
in der Vorstellung eine mögliche, doch noch keine reale Gefahr.

. . . ich bezeichne die Furcht nur als geistige Vorstellung einer Gefahr, welche in uns ein Gefühl der Angst auslöst. Es ist nur eine mögliche, doch noch keine reale Gefahr vorhanden und kann daher mit unseren Sinnen nicht wahrgenommen werden. Zum Beispiel haben wir die Vision, dass ein Auto auf uns zurast, nur in unserem geistigen Bild, welches uns jedoch real behindern kann.
Da nun der Ursprung der Furcht nicht in Wahrheit existiert, können wir in der Realität daran nichts verändern – wir sind machtlos oder ohnmächtig.

Behalten wir diese Gedanken, so kann sich die Furcht steigern, manifestieren oder zu einer krankhaften Phobie entwickeln - welche unsere Lebensfreude trüben, zerstören oder uns krank machen kann. Zusätzlich drängen die geistigen Furchtvisionen wie alle im Geist entwickelten Bilder zur Verwirklichung. Solange sie in uns aktiv sind, laufen wir Gefahr, sie unbewusst anzusteuern.

Der biblische Hinweis „Fürchtet euch nicht“ will uns sichtlich ein furchterregendes Dasein ersparen, damit wir auf unserer Erde mit Liebe ungetrübte Lebensfreude frei genießen können.

Aus mangelndem Vertrauen und durch wachsende Furchtbilder von prognostizierten oder nur möglichen Gefahren rüsten sich viele Menschen durch Sicherheitsmaßnahmen. Früher mit Rüstungen, Bewaffnung mit Gewehren, Raketen oder Gift, um das Bedrohende ihrer selbst erschaffenen Feindbilder zu besiegen.
Auch heute panzern wir z.B. Autos mit Aufprallschutz, Gurten, Airbag und rüsten uns so für einen möglichen Unfall.
Dadurch fühlen sich Menschen sicherer, doch verlieren an Achtsamkeit und können damit auch andere gefährden, die sich dann logischerweise meist ebenso zu rüsten beginnen. Unbewusst kann damit schon eine gegenseitige Feindseligkeit entstehen. So kann prophylaktisches Sicherheitsrüsten aus Furcht nur begrenzt sinnvoll sein, oft eher Wettkämpfe sowie Kriege verursachen und besonders unsere Freiheit schmälern.

Vertrauen ist in der Vorstellung ein erwartetes Bild eines guten Geschehens.

. . . es ist das gegensätzliche Bild der Furcht.
Als Beispiel taucht in dem geistigen Bild ein Auto auf und fährt gefahrlos an uns vorbei. Anstelle eines Furchtbildes bleibt dann bereits ein gelöstes Geschehen.
Obwohl nun beide Bilder nicht real, sondern nur in der Vorstellung sind, verbleiben sehr ungleiche Gefühle. Während das Furchtbild ein beklemmendes unlösbares Gefühl auslöst, hat das andere Geschehen gefahrlos geklappt, ist bereits gelöst und schenkt ein freies wohltuendes Gefühl in Sicherheit.

Dazu ein alltäglich reales Geschehen aus unserem Verkehr:

> *Als Autofahrer sind wir oft bis zu 100 km/h unterwegs, während entgegenkommende Autos mit ähnlicher Geschwindigkeit, etwa mit nur 20 cm Abstand vorbei schießen. Eine tödliche reale Gefahr! Wir können dabei nur ruhig bleiben und noch fein Musik hören, weil wir gelernt haben, diese Bilder in uns zu speichern. Es sind gewohnte Bilder des Vertrauens. Denn wir vertrauen uns selbst, diese Gefahr unbeschadet zu meistern. Und ebenso vertrauen wir den Entgegenkommenden.*

Wie Vertrauen wachsen kann und stark wird.

Die Grundausstattung werden wir Menschen bereits in den ersten Lebensjahren durch die Eltern bekommen. Hier will ich aber eine spätere Kindeserfahrung anschaulich beschreiben:

> *Eine Mutter begleitet ihr Kind auf dem Weg zum Kindergarten. Sie erklärt ihrem Kind den sicheren Gehsteig für Fußgänger,*

den Zebrastreifen als bester Übergang, wie wichtig der Blick nach links und rechts mit der Achtung auf den Verkehr ist. Sie zeigt ihrem Kind, wie es mit erhobener Hand dann gefahrlos über die Straße zu seinem Ziel kommt.
In der Realität findet so ein gelöstes Bild im Geist des Kindes bereits eine Verankerung. Vertrauen wird geschenkt durch die Liebe, die Wertschätzung und durch wohltuende Lösungsvorbilder. Dieses Kind wird seinen Weg zuversichtlich und fröhlich gehen können.
Anders jedoch, wenn eine Mutter selbst schon Furcht um ihr geliebtes Kind hat. So wird diese ihrem Kind die Gefahren schildern, die Tragik eines Autounfalls mit Verletzungen oder gar den Tod, sowie dann noch das eigene Leid in ihrer Verlustvision. Auf diese Art werden anstelle eines Vertrauens eher Furchtbilder und Zweifel vorherrschen.
Natürlich kann sich jedes Kind weiterentwickeln, indem es sich selbst als wertvolles Geschöpf beachtet und selbständig leben will.

Durch die Liebe zu uns selbst können wir unser Selbstvertrauen wachsen lassen. Wir können selbst unsere Visionen mit Kreativität, Geschick und guten Lösungsbildern steuern. Wir können uns zutrauen, eigene Fähigkeiten richtig einzuschätzen und damit gesundes Selbstvertrauen gewinnen.

Eigentlich brauchen wir nur den fürsorglichen Botschaften und Hinweisen unserer Schöpfung Beachtung schenken. Das sind unsere Ängste, Krankheiten, Enttäuschungen, doch ebenso unserem Streben nach Licht, nach Lust, Anerkennung, Liebe und Glück. So dürfen wir durch die Liebe zu unserer Schöpfung mit Gottvertrauen unser Dasein genießen.

Angst

. . . ist ein direkter Hinweis auf eine reale Gefahr.

Furcht

. . . ist nur ein geistiges Bild einer noch unrealen Gefahr.

Vertrauen

. . . ist die Vorstellung eines bereits geglückten Geschehens.

geprägtes Dasein -

über den Selbstwert

Durch ein wundersames Geschehen kommen Menschen auf die Erde. Zart, klein, hilfsbedürftig, schon mit einem in die Wiege gelegten Lebenswillen und individuellen Fähigkeiten.
Doch bereits der Eintritt und der Empfang auf der noch unbekannten Welt ist für ein Baby sehr entscheidend.

- *Wirst du als kleines, nach Leben strebende „ICH" freudig angenommen, warmherzig mit Zuneigung und Liebe umsorgt? Dann wirst du beseelt sein mit einem guten Gefühl, wenn du bei deiner Erdenankunft auf Menschen triffst, die Freude daran haben, dass es dich gibt und es dir gut geht. Und wenn du Eltern hast, die auf dich achten, die dich schreien hören wenn du Hunger oder nasse Windeln hast, und lächelnd dich betreuen - und wenn sie schon früh dein eigenes „ICH" sorgsam beachten, akzeptieren und fördern, gibt es dir Sicherheit und Vertrauen. Es ist wundervoll, wenn Fürsorgende dich lieben, einfach so wie du bist.*
  So wird dir auch Zuversicht geschenkt, das zu tun, was du gerne tust. Du darfst dich frei entwickeln, entfalten, darfst deine Eigenheiten leben und wirst gerade dafür geschätzt und geliebt werden. So bist du ausgestattet mit gutem Selbstwertgefühl und findest dich als wertvollen Menschen unter vertrauten Menschen.

oder:

- *Wirst du als kleines Geschöpf eher notgedrungen und ablehnend empfangen, als unpassendes Unglück gesehen und nur mit der Hoffnung auf späteren Nutzen gehalten? Dann wird deine Daseinsberechtigung in Frage gestellt sein, wenn du in einer turbulenten Zeit das Licht der Welt erblickst, während deine Eltern selbst überfordert sind und dich als ungeplante Belastung empfinden.*

Wenn die Eltern das Schreien überhören, ignorieren und erst dann genervt reagieren, wenn du endlich still bist. Oder wenn sie achtlos sind, da sie selbst zielstrebend mit ihrer eigenen Verwirklichung beschäftigt sind. Sollten dich dann noch Betreuende bedrohen, bestrafen, beschimpfen, verletzen oder nötigen, werden starke Verletzungen in deiner Seele entstehen und sich bei dir ein Gefühl der Wertlosigkeit einnisten.
So wird dir notwendiges Vertrauen, sowie das Fundament für ein gesundes Dasein fehlen. Neben dem schwachen Selbstwert, können dich dann ständige Gefühle von Furcht vor der Zukunft und Unsicherheit begleiten.

Ja, damit fühlt ein Kind bereits in der ersten Zeit seiner Erdenankunft, wie wertvoll oder wertlos es für seine Eltern, Fürsorger und Mitmenschen ist. Sein „Selbstwertgefühl" entwickelt sich dadurch mehr oder weniger.

Was ein geringer Selbstwert bewirkt

Indem ein Kind keine Würdigung seiner eigenen Bedürfnisse in seinem Sein und Spiel erhält, kann sich sein eigenes „ICH" nicht entwickeln und entfalten.
Um Aufmerksamkeit oder Anerkennung zu bekommen – oder gar um zu überleben, wird es sich nach den Wertbegriffen seiner Eltern oder Erzieher richten und sich ihrem Willen fügen. So wird es die Erwartungen der Großen erfüllen, durch entsprechende Schulnoten, seinem Benehmen, seiner Kleidung, der sportlichen oder anderen Leistungen, um Akzeptanz und Respekt zu erhalten.

Bereits in der Kindheit werden auch die Verhaltensweisen dieser so aufgewachsenen Menschen geprägt. Am fehlenden Selbstwert treffen diese weder Schuld, noch ein Fehlverhalten.
So wird verständlich, dass sie kaum Eigenverantwortung übernehmen und meist die Schuld anderen zuweisen. Ebenso wird erklärbar, dass sie Kritik an sich durchwegs ablehnen und als Ungerechtfertigt ansehen, selbst jedoch andere kritisieren. Um Anerkennung, wie in ihrer Kindheit schon erprobt, zu erhalten, können diese Menschen oft Unglaubliches leisten.

Meist geschieht dies in den gesellschaftlich anerkannten Bereiche wie Wirtschaft, Beruf oder auch Reichtum und Macht. Damit gewinnen sie Achtung und Aufmerksamkeit und betrachten sich selbst als höher stehend. Jedenfalls gibt es ihnen das Gefühl, indem sie gerne andere erniedrigen.

Wie Schauspieler und Politiker können diese Lebensgefährten glaubhaft empathisch wirken und sich als Wohltäter darstellen. In Diskussionen geht es ihnen weniger um bereichernden Gedankenaustausch oder Lösungen, als durchwegs nur um ihre Anerkennung und ihre Größendarstellung.
Ein Durchschauen ihrer Maske, Furcht vor Verluste, sowie Ablehnung oder Eifersucht treiben sie leicht zu aggressiven Maßnahmen.
Im Inneren sehnen sich auch diese Menschen, wie alle, nach wahrer Liebe. Doch wie ein auferlegter Fluch vermögen sie echte Liebe kaum zu geben – wie denn, wenn sie selbst noch keine bekommen haben. Oder wie können sie Mitgefühle anderen entgegen bringen, wenn sie Gefühle für ihr eigenes „Ich" nie entwickeln durften? Und selbst wenn sie später ehrliche Liebe erhalten, tun sie sich schwer, diese dankbar zu genießen. Mit ihren Fähigkeiten, die Wertbegriffe anderer zu erkennen, können sie geschickt Zuneigung gewinnen. Dies macht sie zumindest in der Anfangsphase einer Beziehung zu meisterhaften Liebhaber/innen, indem sie ihren Partner verführerisch umgarnen und verwöhnen können. Sie vermögen eine gute Partnerschaft zu führen, solange sie führen und kontrollieren können und sie ausreichend Zuwendung und Sicherheit erhalten. Wie wertvoll sie selbst sind, ermessen sie an den Liebesbeweisen, welche ein Partner bereit ist, zu geben: Rücksicht, Belastbarkeit, Opferbereitschaft, Geschenke . . .

Alle diese Verhaltensweisen so geprägter Menschen werden in der Psychologie als „narzisstischen Störungen" bezeichnet. Sie sind hier nur beschrieben worden, um etwas Einsicht und Verständnis für diese Mitmenschen aufbringen zu können – die genauso wie du und ich, wertvolle Erdengeschöpfe sind.

Ein gesunder Selbstwert

. . . gibt einem Kind ein beruhigendes, gutes Gefühl, speziell weil es seine Eltern mit all seinen Eigenheiten angenommen haben. Es durfte selbständig spielen und lernte damit Verantwortung zu übernehmen. Verletzungen oder Probleme wurden von Mutter oder Vater liebevoll behandelt und vorbildlich passende Lösungen angeboten. So entwickelt dieses Kind Selbstbewusstsein, gewinnt Vertrauen zu sich selbst und meist eine „sau schlaue" Lebensintelligenz.

In ihrem weiteren Dasein werden diese Menschen vieles von Ihren Vorbildern lieben und schätzen. Es kann Sport, Musik, Humor, Spiele, Lust und Freude sein. Sie werden durch ihre gewonnenen Wertbegriffe stets auf ihre Gesundheit und ihr seelisches Wohlbefinden achten. Denn sie sind sich es selbst wert.

Deine Lebensberechtigung

. . . hast du, wie ich und alle Lebewesen direkt von der Schöpfung erhalten.
Dieser Göttlichkeit bist du es wert zu leben – und indem du dieses Geschenk annimmst, darfst du so sein, wie du bist.

Leben bedeutet Veränderung - und solange du lebst, darfst du nach deinen Bedürfnissen und Wünschen selbst verändern.
Mit deinen erhaltenen Fähigkeiten ist dir all dein Handeln und Wirken wohlwollend überlassen. Du darfst dies jeden Tag selbst frei gestalten und bestimmen. Es ist wie ein himmlisches Geschenk, welches du schon in deine Wiege gelegt bekommen hast.
Genieße es und achte gut auf dein „wahres Ich". Finde und vertrete selbst, was du wirklich liebst, schätzt und was dir wertvoll ist.

Das Wertvollste,
was du auf dieser Erde besitzt,
bist du!

„mega-irre Nutzen" –

über Bedürfnisse und Werbung

Mein Sohn hatte seit drei Jahren einen Hund, einen Australian Shepherd namens „Lucy". Nachdem er nun ausgezogen war und in Wien studierte, blieb mir in der Pension dieses flauschige Tierchen. Fast täglich machte ich mit „Lucy" einen Rundgang durch die Siedlungen unserer Stadt oder fuhr per Fahrrad weite Strecken durch einige Ortschaften. Bei meinen oft zweistündigen Ausflügen begegneten mir einige Hundehalter mit ihren Lieblingen, manchmal Frauen mit Einkaufstaschen und eher selten waren andere auf den Straßen oder in Gärten zu sehen. Wenn nicht gerade sonniges, warmes Wetter war, konnte ich oft nur einzelne Fußgänger zählen.
Wo waren denn die meisten Bürger? Hinter den Vorhängen am PC oder beim Fernsehen?

Klar sah ich massenhaft Menschen in den Autokolonnen hinter ihrem Lenkrad und ebenso zu Stoßzeiten in Bussen und Zügen. Und natürlich da, wo ein besonderes Event war, am Marktplatz oder in Stadien wimmelte es förmlich von Menschen.
Über diese Beobachtungen habe ich mir Gedanken gemacht. So begann ich die Gewohnheiten und das Treiben in unserer megatechnischen Welt zu hinterfragen und stellte für mich ein merkwürdiges Ergebnis fest, hier in kurzer Zusammenfassung:

Ein durchschnittlich geschätzter Tagesablauf lautet: Aufstehen, zur Lern- oder Betriebsstelle fahren, einige Stunden Unterricht oder Arbeiten, nach Hause fahren, Essen, PC oder Fernsehen, fallweise in einem Pub etwas trinken, Schlafen, Aufstehen usw. All dies ist durchwegs ein bestimmter Ablauf, welcher vorgeplant, eingebürgert und gewohnt ist und der Menschen finanzielle Sicherheit gibt und Bequemlichkeiten ermöglicht - ohne ständig neu überlegen oder aus der Rolle fallen zu müssen.

Auf meine Nachfrage hörte ich mehrfach den Satz: „Was soll das, man muss ja!“ Dazu hörte ich viele über vieles jammern, während sie keine bessere Idee hatten.

Nun, ich denke, dass die Menschen heute wenig Interesse, keine Muße oder Zeit haben, ihr gewohntes Dasein zu überdenken. Wenn doch, könnte ihnen bewusst werden, ob sie notgedrungen dazu gezwungen sind oder so ihr Leben in Zufriedenheit bequem verbringen.
Leider begnügen sich die meisten mit der Hoffnung auf einen Lottogewinn, mehr Lohn oder auf den nächsten Urlaub – und verharren mit dem Gefühl, sowieso nichts ändern zu können, oft wieder in ihrem gewohnten Schicksal. Ihr Gefühl könnte recht haben, vielleicht können sie nichts oder nur zu wenig ändern. Letztlich sehen sie ihre Daseinsgepflogenheiten als normal und fügen sich damit in die gesellschaftliche Norm. Dabei stellen sie ihre Individualität, sowie ihre persönlichen Träume immer weiter zurück.

An dieser Stelle möchte ich für all jene Mitmenschen Verständnis zeigen, denn meist lastet in ihrem Tagesablauf ein großer Druck, welcher genug Energie fordert:
Wir haben ja zu sorgen für unsere Mobilität, Auto oder Fahrticket, für Arbeit und Einkunft, für Wohnung, Essen, Garten, Kleidung, verpflichtende Geräte wie Handy und PC, Einkaufen, Betten richten, Putzen, Kinder betreuen, bei Hausaufgaben helfen, Kranke pflegen, Anträge oder Formulare ausfüllen und am Abend zur Entspannung noch vor den Fernseher sitzen.
Selbstverständlich werden wir einiges gerne tun, doch der Stress beginnt dann, wenn uns die Verpflichtungen zu viel werden und wir bekommen das Gefühl, bestimmt zu werden.

Werden wir in unserer Gesellschaft geführt, geprägt, manipuliert oder schon bestimmt – und wenn ja, von wem?

über die „mega-irre“ Wirkung der Werbung

In meiner Blütezeit habe ich zweiundzwanzig Jahre einen kleineren Werbebetrieb selbständig geführt – und so doch einige Erfahrungen über Werbepsychologie, Manipulation und Hypnose gemacht.
In der heutigen Zeit richtet sich die Marktwirtschaft längst nicht mehr nach den Bedürfnissen der Menschen, sondern es werden gewinnbringende Produkte auf den Markt geworfen und die Bedürfnisse danach erweckt – mittels manipulativer Werbung.
Zur Veranschaulichung hier ein Beispiel:

- *Ein Bürger sitzt bequem auf seiner Couch im angenehm warmen Raum. Er ist gesund, hat keinen Durst, ist gesättigt, zufrieden und hat im Moment keinerlei Bedürfnisse. Wenn dieser sich nun eine halbe Stunde am Bildschirm das Werbefernsehen anschaut, können in ihm plötzlich Wünsche aufsteigen, einige der gezeigten Produkte zu besitzen – oder diese gleich zu bestellen. Dann bleibt es oft fragwürdig, ob es zum echten Nutzen seiner Lebenserfüllung, oder nur dem des Lieferanten und einem Abstellraum dient.*

Noch ein Beispiel:

- *Eine Dame hört gerne Musik im Radio, in dem zwischendurch Werbung gesendet wird. „Ach“, meint sie, „da höre ich gar nicht mehr hin!“. Doch Werbepsychologen wissen, dass genau dieses unbewusst Gehörte sich im Unbewusstsein verankert. So wird sie in vielen Fällen genauso unbewusst auf ein Beworbenes zugreifen.*
  Um solche Manipulation zu vermeiden, müsste sie den Ton ausschalten oder bewusst zuhören und jede Botschaft sofort prüfen, ob sie ihren wahren Bedürfnissen entspricht, oder nicht.

  Nützen wir unser Leben oder benutzt das Leben uns?

über Manipulation in den Medien

Es ist nichts Neues, dass Medien Sensationsberichte brauchen, um attraktiv zu bleiben und ihr Geschäft zu machen.

Hier zur Einführung eine wahre Begebenheit:

- *Es wurde mir von einer Sendung berichtet, die zu einer bestimmter Zeit im Fernsehen gezeigt werden sollte. Es handelte sich dabei um meinen persönlichen Freundeskreis einer Kelten-Schaustellergruppe, welche schon bei meiner Hochzeit und vielen Events, Menschen begeistert hatte. Natürlich sah ich mir diesen an. Es war eine Dokumentation, die im Fernsehen mit lauten Trommeln und beeindruckenden Schwertkämpfen begann. Mitreißende Bilder zeigten die Show dieser Keltentruppe. Aus dem Feuerspucker schossen hohe Flammen empor und plötzlich brannte dieser lichterloh. In die tragische Unfallszene schallten Sirenen. Die Rettung schoss heran und bald wurde der Mann mit komplett verhülltem Kopf im Spital gezeigt. Über den schrecklichen Hergang und die Ursache wurde ausführlich diskutiert. Ebenso über die langwierigen Heilungschancen des entstellten Verletzten berichtet und vor den Gefahren des Feuers gewarnt.*

- *Nun, in Wahrheit haben meine Keltenfreunde darüber herzlich gelacht, denn der Feuerschlucker hatte sich lediglich seinen Schnurbart leicht verbrannt. Das Geheimnis war, dieser hatte einen Bekannten bei der Fernsehanstalt, welcher daraus diesen Bericht, lang nach dem angeblichen Ereignis drastisch nachgestellt filmte, bei deren Aufnahmen die ganze Truppe großen Spaß hatte.*

Ein weiteres wahres Beispiel für Täuschung in einer Tageszeitung geschah nach einer meiner Kunstausstellungen:

- *Der Chefreporter kam persönlich und gestaltete zu meiner Ehre davon eine ganze Rückseite der Tageszeitung. In diesem Bericht hatte ich einen erfundenen Vornamen und mein Sohn arbeitete angeblich in dem elterlichen Betrieb, den es in Wirklichkeit nicht gab, genauso wenig wie mein 3-jähriger Sohn arbeiten konnte.*

Sicher gibt es auch wahrheitsgetreue Berichte in den Medien, doch wie können wir diese von anderen unterscheiden? Es bietet sich ja kaum eine Möglichkeit, den Wahrheitsgehalt zu überprüfen und fingierte von echten zu unterscheiden. Dadurch werden wir so oder so ständig manipuliert.
Die Wirkung ist ähnlich wie bei einer Hypnosetechnik. Dazu will ich kurz das System dieser enthüllen:
Grundsätzlich kann nur ein Mensch hypnotisiert werden, der sich im Vertrauen dazu bereitstellt. Danach suggeriert der Hypnotiseur der betreffenden Person Visionen, welche von diesem sichtbar wahr genommen werden. Z.B. „Du siehst, wie das Pendel nun im Kreis schwingt“, oder: „Du fühlst jetzt meine Hand auf Deiner Schulter“. Dies wird mit weiteren Suggestionen so lange gemacht, bis dieser vertrauensvoll hingebend auch unwirkliche Suggestionen annimmt und diese damit in Wahrheit sogar körperlich empfindet.
Ja, ebenso werden viele von uns durch unkontrollierbare Visionen der Medienbotschaften dazu verleitet, einfach alles einzunehmen, zu schlucken, zu glauben und damit auch wirken lassen.

Dazu noch eine echte Medienstory:

- *Rein zufällig sah ich im Fernsehen ein Interview zweier junger Männer, die in vielen Sendungen begehrte Teilnehmer waren. Auch Ausschnitte wurden davon gezeigt, wie die beiden von*

ihren Todeserlebnissen nach einem medizinischen Tod faszinierend berichteten. Bis ins kleinste Detail ihres Unfalls und der Spitalssituationen beschrieben sie ihre empfangenen Lichterscheinungen.
Bewusst wurde jedoch offengelegt, dass diese Herren nur Studenten waren, welche sich als Laienschauspieler in vielen Sendungen mit außergewöhnlichen Themen beliebt und begehrt gemacht haben. Auf die Frage der Moderatorin, ob sie dabei keine Skrupel oder ein schlechtes Gefühl bekämen, antwortete einer der beiden: „Die Menschen wollen doch unterhalten werden und wissen ja, dass sie dazu den Fernseher benutzen – das Gerät ist zur Unterhaltung." Er fügte selbstsicher hinzu: „Und dafür machen wir das – und wenn die Menschen das für bare Münze nehmen, so wollen sie doch betrogen werden!"

Nur wir haben zwar das Bedürfnis, informiert und unterhalten zu werden, doch übersehen wir oft in passiver Berieselung die Gefahr, dass wir gleichsam von allem unwillkürlich beeinflusst sowie geprägt werden.

über die schleichende Apathie (Teilnahmslosigkeit)

In vielen Bereichen sind wir heute zu einer passiven Haltung verführt worden.

- *Dies beginnt schon in Schulen, in welchen wir kaum nach eigenem Interesse, sondern nach Bestimmungen des Bildungsministeriums gelehrt werden.*
- *In unserer Arbeitswelt haben wir durchwegs nach Auftrag und Anweisungen unsere Tätigkeiten durchzuführen.*
- *In Nachrichten und Fernsehen erfahren wir vorwiegend bereits vergangene Geschehnisse, an welchen wir nichts ändern müs-*

sen und können. Außerdem werden durch blutrünstige Szenen und schreckliche Kriegsbilder unsere Gefühle abgestumpft und wir verlieren an Empathie.
Weiters lösen zu viele Eindrücke lähmende Wirkung auf uns aus, welche eine defensive Haltung noch verstärken.

- *Im Amt- und Steuerwesen werden Formulare und Ansuchen vorgefertigt, sodass wir auch über den PC keine eigenständigen Mitteilungen mehr anführen können.*
- *Auf den Straßen werden wir durch die Anweisungen der Straßenschilder und der Navigationshilfe geleitet, so dass wir bequem nur noch den Anweisungen folgen müssen.*
- *Letztlich sind wir auch im Gesundheitssystem auf vorgegebene Richtlinien angewiesen. In diesem Schema geht es kaum noch um eigene Einwirkung für seinen Körper und Seele, ebenso wenig um persönliche Beachtung. Auch hier wird vorwiegend über digitale Daten am PC, nach genehmigten Behandlungszeiten, Blut- oder MRT-Bildern und vorgeschriebenen Medikamenten bestimmt.*

Nach diesem Gesamtbild ist es nicht verwunderlich, wenn wir derzeitigen Bürger stetig teilnahmsloser unser Dasein leben – so lassen wir leben und beschränken unsere eigenen Bedürfnisse.

Nun wäre es sicherlich zu unserem Nutzen, die Beeinflussung aus Werbung und Wirtschaft kleiner zu halten. Das würde bedeuten, Fernsehen, Zeitschriften, Handy, PC und vielleicht sogar Navis weniger zu benutzen. Wir könnten auch über Beeinflussungen, welche uns eingrenzen oder bestimmen, nachdenken und in Gesprächen kritischen Beitrag leisten.

Während eines Waldspaziergangs könnten wir uns sicher eigene Bedürfnisse besser bewusst machen oder sie gleich erfüllen, im Urlaub, Freizeit, Sport, mit Musik, Spiel, Spaß . . .

Nur ein Stillen eigener Bedürfnisse führt zum wahren Glück und bewirkt ehrliche Dankbarkeit.

über unsere Bedürfnisse

Es gibt mehrere unterschiedliche Definitionen von Bedürfnissen. Hier will ich diese einmal aus meiner Sicht, nach dem Nutzen für unser Dasein reihen:

1. *Bedürfnisse nach dem körperlichen Nutzen*

   Bereits seit unserer Geburt bedürfen wir der Luft zum Atmen und anfangs noch Pflege. In unserem ganzen Dasein benötigen wir Nahrung, Wasser, Wärme, Kleidung, sowie Schutz vor körperlichen Schädigungen.

   All diese Bedürfnisse werden somit gleichsam zu unseren Menschenrechten erhoben.

   Die Schöpfung sorgt automatisch dafür, dass wir sie beachten. Denn wir verspüren den Durst, den Hunger, die Kälte, die Hitze und den Schmerz. So werden wir angewiesen, diese lebensnotwendigen Bedürfnisse zu unserem körperlichen Nutzen zu befriedigen.

   Natürlich können wir auch das Bedürfnis nach Schokolade, oder einem Whisky verspüren, doch obwohl es in den Bereich der Nahrung fällt, möchte ich dies nicht unter diesem Grundbedürfnis einreihen und als Menschenrecht bezeichnen. Eher wird es als angenehme Vorstellung einen geistreichen Wunsch darstellen.

2. *Bedürfnisse nach dem geistigen Nutzen*

   Darunter fallen die Bedürfnisse nach Annehmlichkeit, Lustgewinn, Anerkennung, Selbstwerterhöhung, Orientierung, Kompetenz, Kontrolle, Macht usw.

All diese Bedürfnisse liegen in den geistigen Wunschbildern zum Nutzen unserer Zukunftsvorstellung.
Hier will ich nochmal eine Unterteilung sichtbar machen:

- *der gesunde Nutzen*
  Es wird gut sein, wenn wir unser Handy, den PC, das Auto zu unserem Nutzen und unserer Annehmlichkeit verwenden. Wenn wir das Bedürfnis nach finanzieller Sicherheit, nach Unterhaltung, Kultur, Partnerschaft, Familie, Zärtlichkeit usw. haben, so wird uns dies zu Wohlstand und zu einem guten Selbstwertgefühl in unserer Gesellschaft führen. Des Weiteren wird das Bedürfnis nach Orientierung, Kompetenz und Kontrolle der eigenen Bereiche, ebenso unser Lebensgefühl bereichern.
  Sollte jedoch jemand z.B. das Bedürfnis nach einem besseren Auto als das seines Nachbarn haben, dient dies eher einer Überheblichkeit aus zu geringem Selbstwert und führt eher zu ungesundem Eigennutzen.

- *der ungesunde Nutzen*
  Klar dürfen wir auch mal das Bedürfnis haben, die Tassen an die Wand zu werfen oder einem Rüpel eine Ohrfeige zu verpassen. Dies würde natürlich nur dem momentanen Nutzen einer Ohnmachtserleichterung dienen, nicht jedoch dem Gebot: „Du sollst deinen Nächsten lieben“ entsprechen.
  Aus Furcht vor möglichen Zukunftsbildern entsteht oft das Bedürfnis nach Sicherheit durch weltliche Werte wie Geld, Besitz und Reichtum. Noch steigern kann es sich durch Gier und Machtgelüste. Alle diese Bedürfnisse nützen lediglich dem Beruhigen dahinterliegender Ängste und zur Selbsterhöhung, ohne dauerhaft befriedigendem Lebensgefühl.
  Daraus können aus Unsicherheit und Verzweiflung Gewalt, Unterdrückung, Erniedrigungen sowie Machtzwangs über Mitmenschen entstehen. Diese führen leider meist verlässlich zu Streitigkeiten, Kämpfen sowie Krieg und stellen keine erstrebenswerten Bedürfnisse dar.

3. Bedürfnisse nach dem seelischen Nutzen

Ein selbstgebackener Kuchen von der Oma oder Mutter zum 12. Geburtstag nützt natürlich als körperliche Nahrung. Ein Fahrradausflug von Vater und Sohn ebenso der gesunden Bewegung. Doch darüber hinaus wird das Bedürfnis nach Beachtung und Wertschätzung wohltuend erfüllt.

Ja, so haben wir alle, du und ich, Bedürfnisse nach Geborgenheit, Anerkennung, Fürsorge, Freude, Spiel, Lust und Liebe.

Doch wie finden wir unsere psychisch bestärkenden und wohltuenden Bedürfnisse, die dem Nutzen unserer eigenen Lebensgestaltung dienen?

Was erfüllt unsere Seele und erleuchtet uns den Sinn unseres Daseins?

Auch da schenkt uns die Schöpfung viele Hilfen. Beispielsweise haben wir unsere Träume sowie unsere Vorstellungsgabe diese zu bebildern, welche unsere eigenen wahren Bedürfnisse enthüllen.

Doch all diese Gnade können wir nur nützen, wenn wir sie annehmen und in unser Bewusstsein lassen.

Dazu müssen wir uns Zeit nehmen, uns besinnen, unsere Zukunftsträume ernst nehmen, Inspirationen sammeln, in Ruhe über unsere Vorlieben sinnen, meditieren und oft auch unsere Ziele mitteilen. Damit stärken wir unsere Begeisterung und Motivation und bekommen die Energie, (dank unserer erworbenen Fähigkeiten, unserer Kreativität,) die Bedürfnisse in unserem Leben zu verwirklichen.

Wir dürfen bestimmen, welche Erfüllungen zum Wohl unserer Seele beitragen und uns Glücksgefühle schenken.

Dir, lieber Leser, wünsche ich das Vertrauen zu dir selbst, um mit deinen wahren Bedürfnissen, dein Leben sinn- und wertvoll zu gestalten.

Man sollte nicht nur darauf achten,
nach Arbeit und Gewinnen trachten.
Auch mal auf Lust und Freude zielen
und miteinander einfach spielen!

Gigantische Schöpfungen der Menschheit

„cooler“ Fortschritt –
Segen und Problem der zauberhaften Wissenschaft und Forschung

Vorerst will ich dich einmal weit in die Vergangenheit führen. Bei einem Rückblick meiner damaligen Schulzeit fiel mir ein uralter Witz ein, bei dem sich Staatsmänner über den Fortschritt ihres Landes ereiferten:

> *Ein Amerikaner meinte: „Bereits vor 50 Jahren wurden bei uns Drähte und Masten gefunden. Das weist darauf hin, dass wir schon damals telefoniert hatten.“*
> *Daraufhin sagte der Österreicher: „Bei uns wurde damals überhaupt nichts gefunden, das weist darauf hin, dass wir schon drahtlos telefoniert haben.“*

Nun war in den Nachkriegsjahren Wissenschaft und Forschung noch in den Kinderschuhen und der Wiederaufbau unseres Landes nahezu Pionierarbeit in der wirtschaftlichen Entwicklung. Doch der Fortschritt begann zu wachsen. Dazu Noch etwas Comic aus der Aufbruchszeit:

> *Lehrer: „Dank unseres Fortschritts werden heute Informationen per Funk bis in den Süden gebracht.“ Darauf meldete sich ein Schüler: „Ist doch interessant, ihr Kollege sagte, dass die Vögel in-Formationen in den Süden fliegen.“*

Nun, ich möchte noch ein bisschen in der Pionierzeit bleiben und dazu eine meiner realen Erlebnisse im Schulalter hinzufügen:

> *Wöchentlich durfte ich den großen Waschkessel heizen. Meine Mutter benötigte einen ganzen Tag, um die Wäsche auch von*

Pflegepersonen zu waschen. In den fünfziger Jahren erhielten wir eine elektrische Waschmaschine, welche diese Arbeit im Alleingang erledigte. Ich wusste, dass dadurch meine Mutter erleichtert wurde und somit einen Arbeitstag einsparte. So hatte ich große Hoffnung, dass sie mehr, oder überhaupt etwas Zeit für mich hätte – was leider nicht der Fall war!

Obwohl in weiteren Jahren stets bessere Geräte entwickelt wurden, die uns viel erleichtert haben, hatten die Menschen sichtlich nicht mehr Zeit. Nur die Berufe und die Arbeiten änderten sich und die Entwicklung von neuen Geräten, Maschinen, Motorisierung sowie chemischen Produkten konnte und wollte niemand aufhalten. Es begann ein Aufblühen vieler Erfinder. Hierzu noch eine Story:

Ich erinnere mich als Drogisten-Lehrling einem zerstreut wirkenden Herrn, öfter Chemikalien für Versuche verkauft zu haben. Dann in meiner Freizeit spielte ich gerne mit Freunden auf riesigen Streuwiesen am Rand meines Heimatortes und manchmal fuhr ich mit einem alten Fahrrad ohne Schaltung oder E-Verstärkung von meinem Zuhause zu meiner Oma in einer Fahrtzeit von 20 Minuten.

Jetzt will ich rasch den Wechsel in unsere heutige Zeit machen und die Veränderung kurz vergleichen:
Für meine erwähnte Fahrradstrecke benötigen jetzt technisierte Luxusautos länger und statt den Streuwiesen stehen nun hunderte Meter lange, riesige Plastikfabriken, welche der zerstreut wirkende Herr gegründet hatte.

Dank unseres Fortschritts, unseres Erfindergeistes, der Forschung und Wissenschaft können viele, aber nicht alle Menschen wie Götter in unserer Zeit leben und kaum mehr alles genießen, was ihnen geboten wird.

Ein prächtiges Eldorado

Mittlerweile bin ich älter geworden und betrachte unseren Fortschritt, der sich dank Wissenschaft und Forschung nahezu unbegreiflich entwickelt hat. Es wird hier unmöglich sein, alle technischen Errungenschaften, die gigantischen Vernetzungen, die Digitalisierung, Roboter bis zur KI nur annähernd zu beschreiben. Dennoch genießen wir die Annehmlichkeiten, die sie uns gebracht haben. Und für dich, wie für mich, werden viele davon schon zu einer selbstverständlichen Gewohnheit geworden sein. Eines davon will ich hier beschreiben. Es ist eine Menschenleistung, die für mich an ein Wunder grenzt:

> *Eine Schiffsfähre über 300 Meter lang, 3 Stockwerke unter und 11 über dem Meeresspiegel. Ausgestattet mit Cafés, Restaurants, Kino, Schwimmbad, Casino, Fitnessstudio, Konzert- und Speisesälen, Schlafkabinen . . . und im Schiffsbauch gefüllt mit Autos, LKW, Motorrädern, Bussen, Jachten, Werkstätten, Küchen, Behandlungsstationen . . . tonnenschwere Maschinen sorgen für Energie und Antrieb dieses Giganten . . . am Deck noch Fernrohre, Rettungsboote, Heli-Landeplatz, eine „Südsee“ Wohlfühl-Oase in überdachter Glashalle mit Palmen und Liegen . . . ein schwimmendes Paradies auf dem Wasser.*
>
> *Und jede darauf befindliche Kabine, jeder Saal, jede Jacht, jedes Auto usw. wurde ja wieder mit unglaublichen Luxustechniken ausgestattet, sowie nahezu jeder Passagier ein Handy in der Tasche trägt, mit dem er buchen und bezahlen kann, telefonieren, rechnen, sprechen, Musik hören, Videos und Fotos . . . und sich mit der ganzen Welt vernetzen kann. Ist das nicht unbegreiflich „cool“?*

Beachtlich weit fort geschrittene Höchstleistung

Ja, wir können die Experten mit Recht loben, sie auszeichnen, mit Orden behängen oder ihnen den Nobelpreis verleihen. So werden heute, dank der großartigen Errungenschaften in unserem Wirtschaftsbereich, Forschung und Wissenschaft als höchst wertvoll bezeichnet, besonders hochgehoben sowie hochbezahlt und finanziell gefördert.

Als Normalbürger können wir jedoch kaum Einsicht in die Forschung von hochentwickelnden Techniken finden und sie meist gar nicht verstehen. Lediglich können wir, die entstandenen Endprodukte einfach nach Anleitung verwenden und benutzen. Im Wissenschaftsbereich sind wir noch weiter distanziert. Denn sie ist schon so weit fort geschritten, dass wir einfachen Bürger sie höchst selten noch begreifen oder kontrollieren könnten. Es sind Experten, welche Resultate verkünden, die wir unmöglich selbst nachvollziehen können und daher nur blind annehmen oder glauben dürfen.
An dieser Stelle möchte ich erwähnen, dass selbst hochbegabte Kapazitäten nicht unfehlbar sind. Das beweist sich, da immer wieder einmal andere Koryphäen durch neue Erkenntnisse diese widerlegen – ebenso stellt sich mehrfach heraus, dass sich wissenschaftlich fundierte Zukunftsprophezeiungen nicht erfüllten.
So wird Wissenschaft, die sich stets im Wandel befindet, uns oft verunsichern und sich teilweise zu unserem Segen sowie auch zu unseren Problemen entwickeln.

Für das einfache Volk bleibt Wissenschaft
meist ein nicht überprüfbares Glaubensbild.

Gigantisch geschaffener Fortschritt

Ohne Ausbildung oder Diplom will ich mich hier als Forscher und Wissenschaftler betrachten. Denn ich finde es seit meiner Kindheit gut, nach dem Nutzen unseres Wirkens und ebenso nach dem Lebenssinn und Glück zu forschen.
So versuche ich mir ein Wissen zu erschaffen, welches ich nicht durch einen Irrglauben, sondern mir selbst durch eigene Wahrnehmungen aneignen kann.
Dazu will ich hier das Geschehen der letzten Jahre genauer anschauen und dabei vorerst kurz einige Vorteile beleuchten, welche einen Nutzen für die Menschheit darstellen:

- *In den Nachkriegsjahren erleichterte die Waschmaschine meiner Mutter die Arbeit, und gleichzeitig ersparte ich mir, den alten Waschkessel zu heizen. Unzählige Geräte machten Küchen- und Hausarbeiten einfacher.*
- *In der Landwirtschaft ersparte der Fortschritt Mühe und Zeit in der Viehzucht. Fortschrittliche Motorisierung, Techniken und neue Vernetzungen begünstigten die Transportwege.*
- *Neue Produkte schossen aus dem Boden und bereicherten einerseits die Menschen, und ebenso die Erfinder durch ihren Patentschutz. Ja, vieles wurde besser, leichter und schöner auf unserer Erde.*

So gewann Forschung und Wissenschaft in unserer Gesellschaft immer größeren Stellenwert und heutzutage bringen sie uns gigantische Annehmlichkeiten.

Wundersame Selbstverständlichkeiten

- *Heutzutage fließt Wasser, Strom, Wärme, Energie und das Fernsehen wie selbstverständlich in unsere Wohnungen und ebenso praktisch werden die Kosten automatisch an die Lieferbetriebe überwiesen.*
- *Mit unserem Handy können wir unkompliziert bezahlen, telefonieren, bestellen, Musik hören, Fotos und Videos machen und uns mit der ganzen Welt vernetzen, um Nachrichten und Wissenschaft nachzusehen.*
- *Wir können bequem in unseren Autos fahren oder dank Kartenticket die öffentlichen Verkehrsmittel benutzen, während gute Gewinne auch den Kraftstofflieferanten bleiben.*
- *Wie gewohnt positionieren sich bekannte Einkaufsmärkte in allen Orten des Landes, naheliegend für unsere Einkäufe.*
- *Aufwandslos können wir uns schmackhafte Pizzas oder Chinagerichte jederzeit in unsere Wohnung bringen lassen - und natürlich ebenso Bücher, Kleider, Computer und Neuwaren aller Art.*
- *In unseren Städten stehen riesige Wohnzentren aus stabilem Beton und Glas zu Verfügung, Produktions- und Wirtschaftshallen mit flächendeckenden Zufahrtsstraßen. Sie ersparen damit den Bauern das Mähen der ehemaligen Wiesen. Falls wir noch einen Gartenrasen besitzen, wird dieser aufwandlos von einem Roboter automatisch gemäht.*
- *Die meisten unserer Mitbürger dürfen ohne körperliche Mühe in angenehmer Atmosphäre ihre Leistungen an digitalen Geräten oder Steuerungen erbringen.*
- *Studenten können unzählige Bildungsstätten besuchen, welche später wieder der Wirtschaft nützen.*
- *Flug und Hotel, Bade- oder Skiurlaub sind für uns einfach zu buchen und können problemlos genossen werden.*
- *Wir sind sozial abgesichert, können Ärzte, Spitäler, Krankenstand oder Arbeitslose, Pensionen und notfalls Sozialhilfe genießen. Sogar bei Ansuchen müssen wir nichts mehr*

selbst formulieren, sondern nur noch bestehende Formulare ausfüllen.

- *Als Bürger haben wir echte Erleichterung. Denn wir haben im Vertrauen unsere Führung und Verantwortung an die Regierenden abgegeben. Das betrifft die Gesetze, Gerichte, Bestimmungen, Behörden, aber auch die Verteilung unserer Steuergelder für Soziales, Bildungswesen, Ämter, ebenso Förderungen für Katastrophen, Schutz-Einsätze und in Frage stellen will ich die Förderungen für Betriebe, Kunst, Waffen oder Kriege.*

Man könnte all dieses als fürsorgliche Einbettung betrachten. Denn alle diese Annehmlichkeiten sind vorgefertigt und bestimmt - wir müssen vieles nicht mehr selbst erdenken und entscheiden. Praktisch dürfen wir nur noch komfortabel funktionieren und dabei beruhigt unser Dasein feiern.

Grenzenloser Forschungstrieb

Schon zu allen Zeiten waren die Menschen mit einem gesunden Forschungstrieb ausgestattet. So haben sie vieles auf unserer Welt entdeckt und gefunden – also Erfindungen gemacht, welche das Leben in der Gesellschaft bereichert haben. Der Erfindergeist war und ist ein Geschenk der Schöpfung und ein Segen für die Menschheit, denn ein Auftrag lautet: „Macht euch die Erde untertan". Ja, so wurde Unzähliges geschaffen zum Nutzen der Menschen. Doch alles, was mit Trieb zu tun hat, neigt leicht zur Grenzenlosigkeit und so trieb der Ehrgeiz manche zu Entwicklungen, die lediglich ihrer eigenen Größenanerkennung dienten. Dahinter kann der Anreiz stehen, wie in dem Frankensteinfilm: selbst Leben zu erschaffen und Herr über Leben und Tod anderer zu sein.
Doch der Auftrag lautet nicht: „Macht euch die Menschen Untertan". Daher sollten wir auch Grenzen respektieren und nur über die eigene Lebensgestaltung selbst frei bestimmen.

Machtspiele durch Wissenschaft und Forschung

Nahezu alle Wissensbildungen und Forscherlabore werden von Wirtschaftskonzernen finanziert oder vom Staat mit Projekten beauftragt und gefördert. Dies wird als sozialer Beitrag angesehen, damit stets neue Erkenntnisse gemacht werden können, aber auch, um entsprechende Errungenschaften nutzen sowie verwerten zu können. So entwickelte sich aus Forschung und Wissenschaft ein riesiges Potenzial, welche den Führungseliten nahezu uneingeschränkte Macht in die Hände spielt. Speziell die Digitalisierung, die weltweite Vernetzung, sowie die KI ermöglichen überregional – global, zentrales Regieren. Dies würde natürlich damit in erster Linie die selbständige Führung der kleineren Regionen und Verordnungen mehrerer Länder entkräften.
Zur Erinnerung will ich die überregionale Schweinegrippe oder die weltweit ausgerufene Pandemie mit den verschiedenen Einschränkungen und medizinischen Anweisungen erwähnen, die vordergründig als Gesundheitsfürsorge inszeniert wurde.
Und im Hintergrund wurden gleichsam dabei unvorstellbare Gewinne mittels Masken und Impfstoffen erzielt. Umsätze in Milliardenhöhen konnten Großkonzerne verbuchen – welche wiederum den übermächtig führenden Welteliten gehören.
Ja, immer wieder besteht wohl für manche „Größen" wie schon für Könige und Herrscher, eine Sucht nach globaler Macht. Sie erhöhen sich selbst, indem sie das Volk kontrollieren, unterdrücken, bestimmen und brutal oder intelligent berauben. Diesen schließen sich meist viele Mithelfer aus Gier nach finanziellen Vorteilen an.
Wie in der Geschichte so oft, wurden früher meist verfeindete Nachbarländer kriegerisch ausgebeutet. Die heutigen Strategien der Mächtigen werden zuerst eher durch Feindbilder wie Gesundheitsbedrohungen von Klimakatastrophen oder Vieren verkündet und als vermeintliche Fürsorge dann notwendige Maßnahmen gesetzt. Leider findet dabei oft ein Machtmissbrauch statt in der, Ausbeutung des Volkes, Zerstörung oder Korruption entsteht.
Darüber hinaus kann die Forschungsarbeit der Rüstungsindustrie

in Verbindung mit wirtschaftlichen Interessen zu Kriegen führen, bei welchen tausende Menschen verletzt oder getötet werden.

Das Resultat davon ist, dass Menschen in Furcht leben, teils in Armut fallen, Kleinbetriebe sterben und größere auswandern, Arbeitslosigkeit sich verbreitet, gesundheitliche Schäden auftreten, aufgebaute Wirtschaftsbereiche zerfallen sowie Unsicherheit, Ohnmacht und Verwirrung entstehen.

Die gesellschaftliche Entwicklung

Unser zauberhafter Fortschritt hat die Gesellschaft rapide verändert. Es fand durch gegensätzliche Meinungen und Ansichten von Experten eine Spaltung statt, welche anstelle von Gemeinsamkeiten, eher Feindbilder entstehen ließen. Schreckliche Szenarien und beängstigende Nachrichten in den Medien verunsicherten die Bürger. Freundschaften und sogar Familien zerbrachen, fröhliches Gesellschaftsleben wurde teilweise verboten, Vereine lösten sich auf, Kontakte und sogar Meinungsäußerungen wurden gemieden und viele Menschen wurden depressiv oder vereinsamten. So wurde selbständiges Leben eingeschränkt und unterdrückt.
Dabei haben Großkonzerne ein Sterben vieler Geschäfte in Städten und unserer Region ausgelöst. Es entstand des Weiteren eine Entfremdung unserer Nächsten durch soziale Sortierung in Altersklassen: Babys in Betreuung, Kinder in die Schule, Studenten in die Uni, Eltern zur Arbeit und zu Hause, Pensionisten in Seniorenheime und die Alten in die Pflege.

All solches Geschehen nimmt Menschen das Geborgenheitsgefühl im sozialen Umfeld, es leidet die Lebensfreude, Nächstenliebe und Herzlichkeit kommen oft dem Erfrieren nahe – „cooler" Fortschritt.

Wissenschaft ermöglicht uns nahezu Allmacht, wenn wir unserer Macht noch mächtig wären.

Die Zauberkräfte der erschaffenen Diener

Bei jedem Einkaufzentrum öffnet uns der Butler automatisch die Türe, das Handy überweist uns den Wareneinkauf, der Rasensklave mäht den Rasen und holt sich selbständig die Energie von der Ladestation, der Parkassistent fährt unser Auto auf Tipp-Befehl in die Parklücke, tausende Roboterknechte sägen, lackieren, produzieren nach unseren Anweisungen. Ja, wir haben das Sagen – Alexa leise! Und wir können die Geister rufen, die uns eine neue Bluse oder eine Pizza direkt an unsere Haustüre zaubern.
Wir können uns als Meister der Magie fühlen, wie im Paradies mit geringstem Einsatz. Wirklich arbeiten müssen wir nur noch, um all diese Technik-Diener zu erhalten und zu steuern. Dabei stellt sich in der heutigen Zeit die Frage, ob wir noch diese steuern oder wir schon von diesen gesteuert werden?
Als nächstes bleibt die Frage, ob wir dabei glücklich sind, wenn uns kaum noch selbst etwas glücken muss, weil wir das meiste unseren digitalen Knechten oder der künstlichen Intelligenz überlassen?
So kann uns dieses Zeitgeschehen leicht in ein Chaos stürzen, in Verwirrung und Unsicherheit vor der Zukunft bringen.

J.W. Goethe hatte bereits im 18.Jahrhundert diese Problematik mit seinem Gedicht: „Der Zauberlehrling“ treffend beschrieben:

- *Einmal als der große Zaubermeister fort gegangen war, bediente sich der Zauberlehrling seiner Zauberkräfte. Er rief die Geister und befahl Besen und Eimer für seine Zwecke Wasser zu holen. So geschah es nach seinem Wunsch, doch als diese Knechte genügend geschöpft hatten, konnte er ihnen keinen Einhalt mehr bieten. In seiner Verzweiflung spaltete er mit einer Axt den Besen, doch damit standen beide Teile auf und mit jedem Vernichtungsversuch verdoppelte sich ihre*

Arbeitsleistung bis eine unaufhaltsame Überflutung eintrat. Erst als der große Meister wieder erschien und mit den erlösenden Worten: „Stehe, stehe . . . in die Ecke alter Besen“, wurde dem bedrohlichen Geschehen Einhalt geboten.

Ich betrachte uns Menschen als Zauberlehrlinge, welche die Zaubermacht der Schöpfung für unsere eigenen Zwecke verwenden, doch keinen Zauberspruch mehr haben, um dem magischen Geschehen Einhalt zu gebieten.

Schlau oder zu kurz gedacht?

Zum Ende meiner Forschung nach dem Nutzen für uns Menschen bin ich nicht weit fortgeschritten. Ich weiß, dass ich den Waschkessel heute nicht mehr heizen muss, aber auch, dass meine Mutter deshalb nicht mehr Zeit für mich gewonnen hatte. So bleibt meine Überlegung, ob wir bei unserem rapiden Fortschreiten nicht etwas vergessen oder zurückgelassen haben? Hat es uns Zeit gebracht oder ist die eher abgefahren mit unseren Geborgenheitsgefühlen? War es zu schnell für unsere Seele und unser Herz, um mitzukommen? Sind wir am Glück vorbeigefahren oder haben wir Menschlichkeit und Liebe unabsichtlich überholt? Sind dabei gesellige Spiele, Lust, Schabernack und manche Freunde im Straßengraben gelandet? Vielleicht sollten wir mehr überdenken, welche Geister wir rufen und lernen, die erhaltenen Zauberkräfte in bescheidener Maße zu unserer wahren Erfüllung zu verwenden.
Vielleicht gelingt es uns, bevor der große Meister sein Zauberwort spricht, unseren Fortschritt mit Vernunft zu begrenzen, in Frieden unsere Arbeit zu verrichten und unser Leben mit Freude, Lachen, Spiel, Sport, Singen und Tanzen zu bereichern. So könnten wir in Bescheidenheit und der Achtung auf unsere Schöpfung unsere Lebenslust erneut genießen.

Gute Gesinnung
. . . ist der Sinn nach freudigem Leben –
suchen und finden, was unsere Sinne erfreut.

„schwierige“ Erziehung

Manche Eltern empfinden Erziehung als eine sehr schwierige Aufgabe. Vielleicht haben sie Recht, denn oft können Kinder sehr anstrengend sein und Mutter oder Vater fallweise mächtig überfordern. Doch ich möchte hier aufzeigen, wie Erziehung in anderer Betrachtung ebenso gut als locker und einfach gesehen werden kann.
Zum Einstieg gleich eine Geschichte:

> *Ein Mann ging durch eine Stadtstraße und zog ein 40 Meter langes Seil hinter sich her. Passanten fragten ihn, warum er dieses Seil hinterher ziehe. Darauf gab der Mann zur Antwort: „Schieben geht nicht, habe es schon versucht.“*

Es wird ebenso „sau schwierig“ sein, Kinder zu erschieben statt zu erziehen. Dazu will ich gleich noch ein Erlebnis beschreiben:

> *An einem Sommertag machte ich mit einigen Familien eine Waldwanderung, auf der wir nach Pilzen suchten. Die Eltern mit größeren Kindern waren meist ein Stück voraus. Der kleinste „Dave“, mit etwa 4 Jahren streifte als Letzter mit Abstand hinterher, sodass Mutter oder Vater ihn fortwährend riefen: „Dave, komm jetzt endlich!“. Doch der Knabe blieb beharrlich, bis seine Eltern immer wieder zurückliefen, um ihn zu holen. Noch oft schallte es durch den Wald „Dave, Dave, komm!“, ohne Erfolg. Beide Eltern waren etwas genervt und beklagten sich über ihren unfolgsamen Knaben. Beruhigend kam der Rat eines Älteren, der erwähnte, dass alle Kinder folgen und Dave ihnen ebenso folgen wird. Sichtlich erstaunt fragten sie: „Aber wie?“ Darauf der Vorschlag:*
> *„Geht einfach voraus und lasst ihm selbst die Entscheidung“. Besonders die Mutter konnte sich kaum überwinden, ohne sich umzudrehen, weiter vorzugehen. Als sie für Dave außer Sichtweite war, bekam der Knabe Panik, schrie verzweifelt nach seiner Mama und rannte eilig zu seinen Eltern.*

An den nächsten Tagen folgte Dave ohne Aufforderung wie selbstverständlich ihnen nach. Es waren nur noch die begeisternden Rufe zu hören: „Hier sind Pilze, Dave!“

Eltern sind für Kinder die wichtigsten Vor-gänger, spaßhalber spreche ich in der motorisierten Zeit von Vor-fahren. Jedenfalls sind es Vorbilder, an denen die Nach-kommen sich orientieren.

Um ein gutes Vorbild abzugeben ist es ähnlich, wie bei der Nächstenliebe, wo es lautet: „Liebe den Nächsten, wie Dich selbst“. Also soll ich zuerst mich lieben, um dann auch mein Kind lieben zu können. Und damit mein Kind auf der Welt gerne lebt, soll ich als Vorbild selbst gerne leben. Es wird gut sein, wenn ich ein selbständiger Erwachsener bin, der lebenstüchtig sein Dasein freudig gestaltet.

Dazu will ich hier ein gutes Eltern-Vorbild beschreiben:

- *Ein gutes Vater-Bild bietet ein Mann, der Verantwortung für sich trägt und bereit ist, Mit-Verantwortung für das Kind zu übernehmen. Wenn dieser ein soziales Umfeld genießt und motiviert seine Lebensexistenz bewerkstelligt, wird dieser Sicherheit und Zuversicht bieten können.*
- *Ein gutes Mutter-Bild bietet eine Frau, wenn sie bereits in der Schwangerschaft ein freudiges Dasein genießt. Sie wird ihre Bereitschaft ausstrahlen, wenn sie Vorfreude empfindet, Freundschaften pflegt, ihre gewählten Tätigkeiten gerne verrichtet, sowie ihre Zeit mit singen, tanzen, Sport und Humor bereichert.*

So sind allein die Vorbedingungen für einen neuen Erdenmenschen erfüllt und werden bei ihm eine willkommene Ankunft bewirken. Den wertvollen Sinn will ich noch mit der Aussage einer Psychologin bestärken. Sie hatte gleich zu Beginn eines

Vortrages mit folgendem Satz die Teilnehmer etwas verblüfft: „Das Beste, was sie für ihr Kind tun können, ist - ihren Partner zu lieben“.
Sie wollte damit zweifelsfrei herausstreichen, wie wichtig eine freudvolle Partnerschaft als gesunde Grundlage für die Entwicklung eines Kindes ist. Damit erfährt es das männliche und weibliche Vorbild. Zusätzlich wird somit vermieden, ein Kind in ununterbrochener Dauerbetreuung zu halten oder als Begleiter-Ersatz zu überfordern. Ohne hilfreichen Partner haben es dann Alleinerziehende besonders schwer, die Aufgaben für sich und ihr Kind zu bewältigen.
In jedem Fall schenkt die Selbständigkeit eines Erwachsenen vorbildlich dem Kind Sicherheit und Vertrauen. Eine fröhliche und friedliche Lebensbewältigung von Eltern ermöglicht Kindern eine freie individuelle Entfaltung.
Solchen Vorbildern werden die Nachkommen gerne folgen. Das bedeutet aber nicht, dass Eltern ihre Kinder nie fürsorglich anziehen, mit-ziehen oder er-ziehen sollten. Nein, wir bekommen auf dieser Erde Kinder mit dem Auftrag anvertraut, für sie zu sorgen, bis sie allein „fliegen“ können.

Fürsorge

Ein Baby ist hilflos und nur lebensfähig durch Fürsorge der Eltern. Das bedeutet, dass das Leben des Babys jeden Tag in der Hand von Mutter, Vater oder vertrauten Erziehern liegt. So braucht das Baby anfangs Muttermilch oder flüssige Nahrung, muss öfters trocken gelegt und gepflegt werden. Damit einher wird ein liebevoller Körperkontakt dem Baby so gut tun, wie ein Singen und Einwiegen in gesunden Ruheschlaf.

Das Vertrauen

Es ist vermutlich das wichtigste Geschenk, wenn wir als Mutter oder Vater ein gesundes Selbstvertrauen besitzen. So können wir dieses auch vorbildlich unserem Kind schenken, damit es im Vertrauen uns etwas mitteilen darf, damit es zeigen oder sagen darf, was es will, damit es über seine Ängste oder Vorlieben frei erzählen darf und damit es seine persönlichen Eigenheiten entwickeln darf. Wo ein Kleinkind schon Verständnis, Anerkennung und Lob erhält, wird es für die Eltern ein spannendes Entdecken der aufblühenden kleinen Persönlichkeit geben, sie erstaunen und beglücken.

Liebe und Geborgenheit

Dies ist bereits für ein Baby in seiner Ankunft notwendig zu erfahren und hoffentlich für die meisten Eltern ein selbstverständlicher Herzenswunsch. Indem sie sich ihrem Kindlein bereits in der Wiege zuneigen, es bewundern, das Händchen halten, es anlächeln, ihm zureden und sich mit Grimassen oder lustigen Lauten selbst vorstellen.

Dazu eine vor kurzem erlebte Geschichte:
Auf einem Spazierweg entlang eines Flusses sah ich, vermutlich einen Vater, der und mit dem Kopf über einen Kinderwagen geneigt auf einer Parkbank saß. Ganz nah flüsterte er sichtlich liebevoll mit dem Baby. Zu meinem Erstaunen ließ er jedoch nicht die Mimik seines Gesichtes sehen, sondern hielt dem Baby dazwischen ein grelles Handy vor die Augen.
Nur eine kleine Bemerkung will ich dazu machen. Ein Baby ist ein reines Naturprodukt und sollte vorerst eher Bekanntschaften mit natürlichen Dingen machen, denn es braucht das Vertrauen durch ein wahrhaftiges Umfeld.

Beachtung

Es ist vorteilhaft, wenn sich Eltern bewusst sind, dass ihr Kind nicht ihr Produkt ist, welches nach ihren Vorstellungen funktionieren soll. Sondern wenn sie es als anvertrautes Geschöpf der

Schöpfung akzeptieren, dessen eigenes Wesen sie nur durch Beachtung entdecken können und genießen dürfen. Ihr Kind wird die Welt selbst entdecken wollen.
Dazu soll es geduldig viele einfache Dinge kennenlernen, die es Be-greifen kann. Gut, wenn das Kind zu Beginn eher natürliche und erst später technische Gegenstände für Selbsterfahrungen bekommt.
Im altersgerechten Spiel können Eltern während der gesamten Kinderzeit die Vorlieben und Interessen beobachten.
Vom Kind erreichte Fähigkeiten werden durch Zuspruch, Anerkennung, Zutrauen und Lob die Lebens-Begeisterung und die Entwicklung des Kindes fördern.

Zeiten und Grenzen
Eine wichtige Lebenshilfe ist es, dem Kind die Begriffe von Zeit und Grenzen bekannt zu machen. Eltern sollten nicht unbegrenzte, sondern bestimmte Zeiten für und mit dem Kind einplanen.
So können sich Umarmung, Lösung und erneutes aufeinander zukommen freudig abwechseln. Ebenso sind klare gesellschaftliche Verhaltensgrenzen sowohl für Eltern als auch für Kinder als Regeln vorteilhaft.

Null Problemo
. . . gibt es, nachdem Eltern manche Schwierigkeiten wie Trotzhaltungen, Besitzansprüche, Wutausbrücke usw.:
1. in Ruhe ertragen
2. das Kind anhören
3. Verständnis zeigen
4. ein Lösungsbild anbieten
5. Frieden vereinbaren

Als Tipp zur Befreiung und Vergebung dienen die Mittel wie lachen, singen, Musik, malen, Spielen, Sport, Umarmen . . .

Wo achtsam Eltern sich verstehen,
voraus mit Lust und Liebe gehen,
da folgen Kinder ungeniert.

Wo mit Befehlen streng regiert,
erzogen wird mit Furcht und Strafen,
entstehen meist blind folgsame Affen.

. . es macht mich krank –

über gesundes Wirken

Viele Menschen legen seit Jahren
ihre Gesundheit in die Hand
der Mediziner, der Pharmaindustrie,
der Wissenschaft und oft auch der Politik.

So leben und sterben sie
unverantwortlich für sich selbst.

Was die Seele bedrückt, macht den Körper verrückt

Hier einige Hinweise über Lebensbelastungen, welche der menschlichen Psyche schaden und krank machen können:

- *Wenn Menschen achtungslos in ihrer Würde und dem Recht zu leben ungleich sowie unsinnig beschnitten werden.*
- *Wenn Menschen mit Furchtbildern durch prognostizierte Gefahren bedroht und in Unsicherheit geführt werden.*
- *Wenn Menschen entmündigt und mittels Bestimmungen und Strafen einschränkt werden.*
- *Wenn Menschen freie Atmung oder Sprache einschränkt wird, und sie zur Gesichtsverhüllung gezwungen werden.*
- *Wenn Menschen einander nicht mehr nahe kommen, die Hand nicht reichen dürfen und Umarmungen strafbar werden.*
- *Wenn Menschen die Fürsorge für ihren eigenen Körper abgesprochen und Behandlungen und Medikamente verweigert oder zwingend vorgeschrieben werden.*
- *Wenn Menschen wegen ihren persönlichen Ansichten ausgrenzt, diskriminiert, einsperrt oder verurteilt werden.*
- *Wenn Menschen isoliert werden, ihnen der Zutritt von Freunden und Verwandten verwehrt oder ihnen der Zugang in die Natur verwehrt werden.*
- *Wenn Menschen mit Verunsicherung durch gegensätzliche Vorschriften zu einem gefügigen Gehorsam gedrängt, sowie ihre Kritik ablehnt und zensiert wird.*
- *Wenn Menschen ständig mit hartherzigen Worten und dunklen Mienen behandelt werden, sodass friedliche Gefühle keinen Platz finden.*
- *Wenn Menschen unter dem Vorwand einer Gesunderhaltung mit krankmachenden Maßnahmen manipuliert, und damit Logik ins Absurde gelenkt werden.*
- *Wenn Menschen ihre Selbstverantwortung und Lebensfreude eingedämmt wird.*

. . . über gesundes Wirken

Dieses Thema will ich in Erinnerung an einen Kabarettisten beginnen. Dieser hatte einen Arztbesuch so vorgetragenen: Sein Doktor fragte: „Bitte, was haben sie?“, seine Antwort war:„Küche, Schlafzimmer und WC.“ Darauf der Doktor: „Ich meinte, was fehlt Ihnen?“ Er wieder: „Wohnzimmer, Bad und Balkon.“

Nun ist mir dabei aufgefallen, wie Ärzte vor Jahren noch die Angewohnheit hatten, nach dem „Fehlenden“ eines Patienten zu fragen. Ansonsten hat sich seit da nicht viel geändert, außer dass die Mediziner heute ihre Praxis nicht mit „Sprechstunde“, sondern, mit „Ordination“ – was Amtsbesetzung bedeutet, angeschrieben haben. Und vielleicht gibt es derzeit mehr Kranke oder weniger Ärzte, denn in meiner Umgebung habe ich Gruppen von Patienten vor Ordinationen gesehen, die in Hausfluren und sogar bei Regen auf Vorplätzen stundenlang auf ihre Behandlung warteten. Dies war besonders auffallend bei fachlich beliebten Ärzten welche sich achtungsvoll Zeit nahmen und sich um ihre Patienten bemühten.
An dieser Stelle möchte ich von einem eigenen Arztbesuch berichten, den ich vor Jahren während meiner regen Geschäftsführung tätigte. Die Behandlung des Arztes war ausgesprochen ruhig und fürsorglich, aber gegen Ende fragte er mich, wann ich das letzte Mal Urlaub gemacht habe? Diese gesetzte Frage des Arztes hatte mich damals schockiert und lange beschäftigt. Ich empfand es als Frechheit und schimpfte darüber: „Was geht das diesen Doktor an, wann ich Urlaub mache!?“
Ja, sichtlich war ich noch nicht einmal so reif, einen möglichen Zusammenhang mit meinen Krankheitssymptomen zu sehen. Doch mit dieser blinden Einstellung war ich keineswegs allein.

Erst als mich später ein lieber Freund und Arzt über die häufigsten Patienteneinstellungen aufgeklärt hatte, durfte ich einiges neu erkennen. Er berichtete über die durchwegs gewöhnlichen Anliegen der Patienten: Sie kommen mit einem „Wehwehchen" oder Leiden, das sie so schnell wie möglich los werden wollen. Und das soll der gute Doktor bewirken. Bereitwillig lassen sie sich untersuchen, röntgen und Blut abnehmen und erwarten gerne die Diagnose ihrer Krankheit. Auf Anraten lassen sie sich gerne weiterleiten zu Fachexperten oder Chirurgen und von diesen dann „reparieren". Das einzige, was Patienten selbst bereit sind zu tun, ist das vorgeschriebene Medikament zu schlucken oder notfalls einmal etwas weniger Gutes zu schlucken – die armen Schlucker!
Der Rest sollte schon durch die Gesundheitseinrichtungen gerichtet werden, denn schließlich werden dafür Sozialbeiträge bezahlt oder automatisch abgezogen. So sind wir dieses Sozialsystem in unserer Gesellschaft seit vielen Jahren gewohnt. Wir sind damit aufgewachsen, wurden so geschult und geprägt.
Unser Gesundheitsdenken hat sich damit vorwiegend auf den menschlichen Körper begrenzt und so wurden in diesem auch die Ursachen der Symptome gesehen, gesucht und behandelt. Es wird verständlich, wie das Auftreten von körperlichem Schmerz sofort als physische Lebensbedrohung empfunden wird und ein starkes Angstgefühl auslösen kann. Dank dieser Furcht werden seit Menschengedenken die lukrativsten Geschäfte gemacht. Mit unzähligen Medikamenten und angeblichen Heilpräparaten versuchte man, Patienten zu beruhigen und zu pflegen, um ihr Leid rasch los zu werden, damit sie gleich wie zuvor, wie gewohnt wieder weiter sorglos tun und handeln können. Leider bleibt es hier meist bei einer zweifelsfrei oft notwendigen Symptombehandlung mittels rasch körperlich wirkenden Medikamenten oder Eingriffen.

Eine Bearbeitung psychischer Ursachen

. . . ist hingegen weniger ertragreich und wird aus mehreren Gründen meist wenig beachtet oder gleich abgelehnt, so wie ich den Hinweis meines vor Jahren besuchten Arztes bezüglich der Frage nach meinem Urlaub unangebracht und sogar störend empfand.

Damals hatte ich mein wirtschaftliches Streben als gut und wichtig genommen. Auf meine tüchtigen Leistungen war ich richtig stolz und vermutlich wollte ich einen Zusammenhang von Krankheit und Urlaub nicht wahrhaben. Allein die Möglichkeit hatte ich damals einfach abgelehnt.

Erst viel später begriff ich langsam die Zusammenhänge von Körper, Seele und Handlungen. Heute verstehe ich auch die Ablehnung von mir, wie auch von vielen Menschen. Denn schon die Vorstellung dieser Zusammenhänge löst oft eine starke Furcht aus. Nämlich die Furcht davor, die Krankheits-Ursache bei sich selbst entdecken zu können. Dazu noch die Furcht davor, in diesem Fall selbst etwas ändern zu müssen. Manche fürchten sich fälschlicherweise davor, selbst die Schuld auferlegt zu bekommen. Diese ist jedoch nicht gerecht, denn wie ich handelt jeder Mensch, im guten und wichtigen Streben auf sein Ziel. Dennoch erfordert es enormen Mut sowie Demut, sich damit auseinanderzusetzen und danach auch eigenverantwortlich zu handeln.

Bei mir hat es sehr lange gedauert, bis ich meine Überforderung eingestanden habe und sie als Ursache meiner Körpersymptome akzeptieren konnte. Wahrscheinlich erst Dank meines später gegönnten Urlaubs kam mir der Gedanke, wie körperliche Krankheit auch als liebevoller Hinweis und Führung der Schöpfung angesehen werden kann.

Durch diese Vorstellung gelingt es mir besser, körperliche Symptome als Hinweis freudig anzunehmen. Damit verhilft mir nicht nur die Medizin, sondern meine eigene Neugestaltung meiner Handlungen dazu, um einen heilsamen Weg zu gehen.

Klar bleibt es stets eine große Herausforderung, einen neuen Weg einzuschlagen, selbst weniger zu essen, zu trinken, aufhören zu rauchen oder anderes, um dadurch sein eigenes Dasein wieder heil genießen zu können.

Bei äußerer Einwirkung, wie bei Verletzungen durch Unfälle oder vererbtem Leiden, werden wir die Ursachen bereits kennen und brauchen sie nicht bei uns selbst zu suchen. Da liegt die Herausforderung in der Annahme des Geschehenen, welches wir nicht ändern, sondern nur akzeptieren können und mit entsprechenden Maßnahmen versuchen können, unser Leiden körperlich und seelisch zu erleichtern.

Wer sich selbst gesund erhalten will, vermeidet was ihm missfällt, schadet oder krank macht!

Krankheit als Führung zu neuer Lebensfreude

Hierzu will ich eine menschliche Klugheit und Logik benennen: Wenn ein Baby zu schreien beginnt, hat es wohl keinen Sinn, wenn wir ihm genervt den Mund zukleben, um das Geschrei zu ersticken. Hier scheint es logisch, dass wir es zuerst mit Worten und vielleicht einem Schnuller beruhigen.
Es wäre jedoch „sau blöd“, wenn wir dann aber nicht nach der Ursache sehen und das Wichtige erfüllen – nämlich das Baby füttern oder trocken legen. Denn erst damit könnte es wieder gesund schlafen, leben und wachsen.

Genauso könnten wir Erwachsene das symptomatische Leiden behandeln. Auch da hätte es keinen Sinn, wenn wir den körperlichen Aufschrei nur genervt zu ersticken versuchen. Hier erscheint es doch genauso logisch, dass wir zuerst mit Worten und einem „Medizin-Schnuller" beruhigt werden.
Dann jedoch wäre es ebenso „sau blöd", wenn wir nicht nach der Ursache sehen, um das eigentlich Wichtige zu ändern und zu erfüllen. Denn erst damit könnten wir wieder gesund wachsen und neue Lebensfreude genießen.

Die Ursachen finden

. . . sie liegen in unserem entsprechenden Tun und Handeln. Dieses wiederum wird geleitet von unserer Sinngebung, der Motivation, unseren Wertbegriffen und den Lebenszielen. So liegen sie also in unserer Psyche, die auf unseren Körper realen Einfluss hat, sowie diesen auch zur Verwirklichung verwendet. Es ist erstaunlich, was diese psychische Lebensintelligenz in unserem Körper bewirken, verursachen oder auch zu heilen vermag. Jeder körperliche Hinweis zeigt uns, dass wir einerseits auf dem richtigen Weg sind, indem wir ein gutes Körpergefühl haben. Doch auch andererseits, dass wir uns von unserem angestrebten seelischen Weg entfernt haben, indem unser Körpergefühl unangenehm oder schmerzlich beeinflusst wird.

Wir können nun diese Hinweise einfach ignorieren. Dann ist es wie mit einem an mich adressierten Brief vom Finanzamt, den ich nicht öffnen will, weil etwas Unangenehmes darin stehen könnte und ich ihn deshalb verbrennen würde.
Oder wir können uns selbst und die Hinweise ernst nehmen und sie sogar willkommen heißen. Denn diese Botschaften wollen uns wieder weise auf die richtige Spur führen, uns zum Überdenken unserer Lebensvorstellung anregen, um damit auch unser heilsames Tun und Handeln zu bewirken.

Unser Heil
liegt in der Einheit von
Körper, Geist und Seele

. . . eigentlich erfahren wir ja täglich die untrennbaren Zusammenhänge von Körper, Geist und Seele. Denn allein indem wir ein Video betrachten, kann unser Körper zu lachen beginnen, bis der Bauch weh tut – oder aber auch Tränen fließen lassen, bis die Nase verschnupft ist.

Selbstverantwortung tragen

. . . indem wir uns selbst als wertvolles Geschöpf sehen, werden wir wissen, dass wir selbst zuständig für unsere körperliche und seelische Gesundheit sind. Wir haben selbst die Verantwortung und die Macht mit unserem Geist unser Leben danach zu richten.

Setze keine Erwartungen
weil du dadurch nur auf eine Veränderung wartest,
statt sie selbst zu erwirken.

Gesund leben

. . . ist grundsätzlich leicht. Wir dürfen einfach die Erde und unsere Mitmenschen freudig genießen und müssen dabei nichts Besonderes für unsere Gesundheit tun – nur nichts dagegen! Grundsätzlich sorgt unser Körper selbst für seine Heilung. Und selbst wenn nicht, brauchten wir die Hinweise nur entsprechend beachten, um nicht aus dem Paradies unseres Wohlbefindens zu fliegen. Selbst ein Knochenbruch heilt, wenn er wieder richtig zusammengesetzt wurde und wir ihn unbelastet lassen.
Dazu haben wir Menschen den sprichwörtlichen „heiligen Geist" empfangen, durch den wir den Geist bekamen, unser Heil zu bewirken und erhalten. Wir können damit finden, was uns hilfreich ist. Zum Beispiel mittels Medikamenten der Naturheilkunde, der Chirurgie, der Wissenschaft und Forschung, doch auch mittels Psychosomatik. Unser Körper sowie unsere Seele werden uns jeweils die Bestätigung geben, was uns wahrhaft gut tut und heilt.

Wir müssen
nicht viel für unsere Gesundheit beitragen,
. . . es genügt, wenn wir nichts dagegen tun.

In einer Ausbildung in meinen jungen Jahren durfte ich den bekannten Biologe Richard Willfort persönlich erleben.
Dieser erklärte den gesunden Kreislauf auf dieser Erde so:
„Gesunder Geist - Gesunde Erde – gesunde Pflanzen - gesunde Tiere - gesunde Nahrung – gesunder Körper – und durch ihn wieder gesunder Geist."
Dazwischen möchte ich noch gerne die „gesunde Seele" einfügen, denn sie ist mit maßgebend für unsere Erfüllung und unser Lebensfreude.

Wie unserer Psyche Wunder wirken kann

Aus meinen Erlebnissen will ich dazu noch einige echte Begebenheiten schildern:

- *Kurz nach meiner Ausbildung zum Lebenslehrer konsultierte mich ein Herr Ingenieur, der trotz Behandlung wiederholt ein Leid ertragen musste. Da er erfuhr, dass es auch psychische Ursachen haben kann, wendete er sich an mich mit seinem schmerzenden Mausarm. Das ist eine Unterarmentzündung, ähnlich einem Tennisarm. Wir vereinbarten Gesprächstermine und da ich noch nicht viel darüber wusste, sprachen wir vorerst sehr rege über alles Mögliche, seine selbständige Arbeit, seine Wohnung, seine Pläne usw. Nach 4 oder 5 Sitzungen ist aufgefallen, dass wir fast nichts über den entzündeten Mausarm gesprochen hatten, der mittlerweile verschwunden war. Dennoch kam der Herr Ingenieur regelmäßig noch einige Monate und begann seine Lebenssituationen neu zu gestalten. So gelang es ihm, nicht nur den Mausarm zu heilen, sondern auch die Ursache: seine Überforderung, seine Verkrampfung, seine Existenzangst und sein Verpflichtungsgefühl in Einklang zu bringen. Bei unserer letzten Begegnung wollte ich von ihm noch hören, ob er von mir einiges mitnehmen konnte? Für mich kam seine schockierende Antwort: „Nein“. Erst als er mir die Hand reichte, bedankte er sich für all das, was er bei mir da lassen durfte.*

- *Als die 6-jährige Anke schon wieder einen stark allergischen Hautausschlag hatte, empfahl der Arzt eindringlich, dass wegen ihrer Katzenallergie die Katze unvermeidbar aus dem Haus müsse. Nach dieser Nachricht flossen Tränen bei Anke und auch Ankes Mutter war, als große Tierliebhaberin, regelrecht geschockt. Sie hatte einerseits das unter Schmerzen leidende Kind und dazu noch den drohenden Verlust des Felllieblings. In ihrer Verzweiflung kam sie zu mir und vertraute*

mir ihren verständlichen Kummer an. Dabei klagte sie über die ungerechte Situation. Wie konnte doch ein geliebtes Tier nur so eine Reaktion bei ihrer Anke auslösen?
Natürlich musste sie sich für das Wohl des Kindes entscheiden und gegen die Katze. Doch gerade dieses Haustier hatte sie geradezu vergöttert. Im weiteren Gespräch fiel der Mutter selbstkritisch auf, dass sie in letzter Zeit dabei möglicherweise ihrer Anke etwas zu wenig Beachtung geschenkt hatte. Vielleicht forderte der brennende Ausschlag mit der notwendigen Pflege auch entsprechend mehr Zuwendung? Nach diesen Gedankenbilder, fuhr die fürsorgliche Mutter mit neuem Bewusstsein nach Hause zu ihrer wahrhaft geliebten Tochter. Bevor noch die Entscheidung über die Katze getroffen werden konnte, war der allergische Ausschlag verschwunden und blieb mittlerweile für viele Jahre aus.

Zu diesen Storys will ich erwähnen, dass mein Zutun lediglich ein Beitrag sein kann, jedoch das maßgebliche Heil nur durch Selbsterkenntnis und demütige Liebe der Betreffenden, sowohl des Herrn Ingenieurs wie Ankes Mutter bewirkt wurde.

Noch eine Begebenheit über das Phänomen der Psyche:

- *In einem Seniorenheim wurde ein Trommelkurs für Alte, Pflegebedürftige und Rollstuhlfahrer abgehalten. Alle konnten so mitmachen, wie es ihnen halt möglich war. Zu Beginn wurde erklärt, wie nur mit einer Hand die Zahlentakte bei 1u 2u 3u 4 geschlagen werden und erwähnt, dass nur diese Hand als sogenannte Takt- oder Schlaghand Verwendung findet. Die andere Hand spielt nur die Und-Zwischentakte. Also sagte der Leiter, wir nehmen jetzt die Schlaghand und beginnen nur mit 1 2 3 4. Eine Pflegeschwester stieß erschrocken ihre Kollegin an und sagte mit halb erstickter Stimme: „Ja spinn ich, die halbseitig gelähmte Patientin trommelt mit ihrer „Schlaghand“. Leider war es keine dauerhafte Wunderheilung, aber eine beeindruckende Erfahrung.*

Zum Ende dieses Kapitels einen kurzen Überblick aus anderer Sicht: Du und ich, wie alle, setzen im Leben unsere persönlichen Ziele. Freudige Vorstellungen motivieren und begeistern uns und so bestimmen wir damit selbst den Sinn unseres Lebens. Und danach richtet sich unser ganzes Streben, Arbeiten und Wirken in unserem Dasein.
Wir sündigen nur, indem wir dagegen wirken, den sinnvollen Weg verlassen oder durch das Zielstreben uns körperlichen oder seelischen Schaden zufügen.

Eine Vergebung unserer Sünden und eine Korrektur unseres Lebenssinns werden unsere Handlungen und damit unser Heil bewirken. Mit dieser Beachtung unserer Psyche werden wir die Gnade erhalten, auch körperlich aufzustehen, unser Bett zu nehmen und wieder gehen zu können.

Was uns gesund erhalten will
... ist die Natur um und in uns.

Persönliche Tipps zur Gesundung

Krankheiten sind Krisen, welche damit einen Prozess zur Heilung auslösen. Jeder darf sich selbst daran beteiligten.
Nimm dich ernst, wenn du krank bist:

- *Suche einen Arzt auf und vertraue ihm dein Leid an. Erzähle und sprich mit ihm ausreichend darüber, denn es geht um dein wertvolles Leben. Finde den Mut, ihn nach den möglichen Ursachen zu fragen. Achte seine Empfehlungen, nimm sie nicht in blinden Gehorsam an, sondern überdenke sie. Im Zweifel hole dir eine fachliche Zweitmeinung. Bedanke dich.*
- *Du darfst mit gutem Gewissen Hilfe und Anregungen von vertrauten Freunden annehmen, einen Psychologen konsultieren, in Büchern über Psychosomatik oder Naturheilkunde nachschlagen, bis du selbst das Richtige für deinen heilsamen Weg findest. In vielen Fällen kann eine Bearbeitung zeitlicher Nachträume Wunder wirken.*
- *Fast immer zwingt eine Krankheit zu Ruhe und Auszeit. Du kannst diese zu einer Selbstreflexion nutzen, wobei diese nicht bei jedem Schnupfen erforderlich ist. Doch wird es dienlich sein, um eigene wahre Werte, Bedürfnisse, Motive und Freuden zu finden, oder Ideen für einen neuen Lebensplan zu erhalten.*
- *Schöne Traumbilder, Singen, Tanzen, Lachen und alles was Lust macht, wirkt heilsam. Furchtbilder und Jammern bewirkt das Gegenteil. Es geht darum, dass du dir selbst Gutes und Wohltuendes gönnst.*

„bedenklich blöd“ –

über Krieg und Irrsinn

Du, ich und wahrscheinlich alle Menschen wollen grundsätzlich einmal in den „Himmel“ kommen – was man auch immer darunter versteht. Doch wird kaum jemand auf der Erde dieses Ziel freiwillig eilig anstreben. Wir hängen an unserem Leben.

Eigenartigerweise gibt es jedoch Menschen, welche entgegen jeder Logik an einer Kriegsfront mit allen erdenklichen Waffen dafür sorgen, dass sie selbst oder auch unbekannte Mitmenschen so sicher und rasch wie möglich am „Himmelstor“ ankommen. Und da sie es meist selbst nie tun wollen, ist es wohl das „bedenklich Blödste“, was Menschen tun können.
Vielleicht versuchst du mit mir hier, dieses leider oft reale Geschehen zu bedenken. Wie kann es nur zu solchem irren Widersinn kommen?
In letzter Instanz wird es erklärbar, da Soldaten solches Gemetzel lediglich auf Befehl ausführen, nicht aus eigenem Willen. „Vergib ihnen, denn sie wissen nicht, was sie tun.“ - So der Bibelspruch zu wohlwollendem Verständnis. Doch warum folgen sie gehorsam, um das zu tun, was gegen ihren eigenen Willen steht? Viele Soldaten werden sich damit rechtfertigen indem sie mit Todesandrohung dazu gezwungen wurden. Andere vielleicht sehen sich verpflichtet oder sind überzeugte „Helden oder Märtyrer“ zum Schutz gegen einen genannten Feind. Hier kommt die nächste Unlogik ins Spiel. Nur in der Vorstellung kämpfen alle Soldaten patriotisch gegen ein Feindbild, ob Putin oder die USA – doch der wahre Gegner ist ein total unbekannter Mitmensch, oder ein unbeteiligter Zivilist.
Kein unbekannten Gegner hat jeweils dem Soldaten etwas Unrechtes getan und so könnte er fragen: „Ich hab persönlich nichts gegen dich, aber warum sollst du mich oder ich dich dann erschießen? Doch da ist schon der nächste Irrsinn. Es wird hier nicht mehr mit Worten, sondern nur noch mit Waffen, Bomben und Raketen gesprochen. Dies alles, weil zwei Könige,

Wirtschaftsgiganten oder Politiker Krieg wollen und diesen befehlen. Logisch ist nur, dass diese nicht selbst die Auseinandersetzung bestreiten, sondern eben ihre anvertrauten Bürger kämpfen lassen. Wieder ein bedenklicher Wahnsinn, denn es gibt durch Kriege keinen lebenswerten Gewinn – nur Zerstörung und Leid.

In meiner Betrachtung möchte ich vorerst auf die Soldaten eingehen. Warum lassen sie sich so dirigieren?
Soldaten wie Menschen handeln unwillkürlich danach, da sie lernen, aus Furcht vor eigenem Schaden oder Strafen, den Befehlen und Anordnungen willenlos zu gehorchen und stellen damit selbst eigene Überzeugungen mutlos zurück. Obwohl es wieder unlogisch erscheint, mehr Furcht vor möglichen Sanktionen einer Verweigerung als vor dem doch eher möglichen Kriegstod zu haben.
Sie wurden bereits zum Gehorsam in Trainingslagern erzogen. In ihrer Ausbildung lernen sie das Töten unabhängig vom Sinn und damit grundlos. Es bleibt unwichtig, ob sie als Verteidigung oder als Angriff ihren Befehl auszuführen haben. Ihr Ziel sind immer die feindlichen Individuen, gegen die sie kämpfen müssen. Im Gleichschritt der Kampftruppen wird der Heldenmut gestärkt und Feindseligkeit geschürt. Ihr eigentlicher Auftrag:
„Bringt sie um, die Mörder“ – und kaum fällt auf, dass sie damit selbst zu Mörder werden. Wie paradox?
Zuletzt werden Soldaten noch vereidigt. Mit vorgefertigten Worten müssen sie Treue und Gehorsam schwören. Eine Manipulation, nach der sich Soldaten verpflichtet fühlen. Ihr Einsatzbefehl gleicht dann einer Posthypnose, in welcher sie unverantwortlich und legal morden dürfen.

Arg, wenn Mächtige willkürlich bestimmen,
doch leidbringender sind jene,
die Befehle bedenkenlos ausführen.

Wer nicht genug kriegt, macht Krieg.

Kriege entstehen im Großen wie im Kleinen doch stets nur, weil Könige, Herrscher oder auch Bürger nicht genug kriegen. In humanen Zeiten entsteht so ein Krieg um irdische Reichtümer auf wirtschaftlicher Basis. Diese Gier führt zum endlosen Zielstreben nach mehr Geld und Besitz, um für Ängstliche mehr mächtige Sicherheit zu schaffen.
Sodann lautet der Kriegsauftrag: Andere Länder, Bürger oder Bedienstete zum eigenen Nutzen auszubeuten, denn nur so kann ein wirtschaftlicher Gewinn durch den Verlust anderer erzielt werden.
Nun, wir sind schon gewohnt, es anders zu bewerten, doch bleibt es grundsätzlich eine einfache Logik: Wenn eine Familie oder Gesellschaft einen gemeinsamen Topf Essen oder Geld besitzt, so kann nur einer mehr davon erhalten, indem einem oder allen anderen weniger bleibt.

Ja, und so werden wir derzeit, im früheren Vergleich mit einem weltweiten Kasernenhof, in unserer Gesellschaft auf das wirtschaftliche „mehr Kriegen“ trainiert und geschult.
Täglich haben wir anzutreten, um unseren Wohlstand und den Gesellschaftsbeitrag zu erwirtschaften. Im Sommer von oben bestimmt eine Stunde früher. Bereits ab dem Kindergarten werden wir über vorbestimmte Lernfächer ausgebildet und auf möglichst lukrative Berufe hin erzogen. Einfluss und Ansehen wird nach dem höchsten Erfolgsgewinn bewertet. Die besten Kämpfer im Sport werden mit riesigen Geldsummen belohnt. Dazu wird uns von der Werbung das Ziel einer tollen Konsum- und Luxusbereicherung suggeriert. Und dieses Streben nach „mehr kriegen“ wird von den höchsten Wirtschafts- und Politmächten gesteuert, damit auch sie „mehr kriegen“.

Eine wahre Story von meinem Sportpartner und lieben Freund:

- *Dieser war ein bescheidener doch angesehener Mann, der einige Jahre in der Politik gewissenhaft gearbeitet hatte. Sein Ziel war ein begrenzter Wohlstand für seine Familie und als Diener der regionalen Bürger zu wirken. Dabei musste er öfters erleben, wie manche politischen Entscheidungen nicht ausschließlich zum Nutzen des Volkes, sondern nach wirtschaftlichen Gewinninteressen getroffen wurden.*
  Dies hat ihn psychisch sehr belastet, sodass er sein Amt ordnungsgemäß beendete. Eine ihm zustehende Abfindungszahlung lehnte er ab mit der Begründung: Er würde ja nicht mehr für die Landesbewohner arbeiten, deshalb wolle er auch kein Lohn mehr von ihnen nehmen.
  Noch zu seinen Amtszeiten klagte er darüber, wie er doch oft in Gewissens-Konflikte gekommen war und daher Kopfschmerzen bekam. Wenige Zeit danach starb er an einem Kopftumor. Ich wünsche ihm den himmlischen Lohn.

Macht wird oft zum eigenen Nutzen,
und zum Ausnützen anderer verwendet.

Hirnvergiftung als Kriegsstrategie

Bevor in einem Machtstreit ausgeklügelte Waffen oder tödliche Gifte eingesetzt werden, beginnt ein Kriegsgeschehen schon mit Worten durch gezielte toxische Äußerungen. Diese Strategien können in unzählig raffinierter Weise zur Vernichtung eines unliebsamen Gegners verwendet werden.

Im Vorgaukeln falscher Tatsachen können Lügen als Wahrheit hingestellt werden. Mit komplizierten Erklärungen können Verwirrungen gestiftet werden, oder mit wiederholten Behauptungen eine dogmatisierende Prägung erschaffen werden. Lösungsideen können durch dauernden Themenwechsel bekämpft werden. Schuldzuweisungen können zur Ablenkung dienen. Gutes kann so als Böses und umgekehrt bezeichnet werden usw. So wird mit Worten und Bildern zu eigenem Vorteil manipuliert.
Als perfide Strategie gilt schon allein eine Abwertung wie: „Du bist ja nicht normal", oder Beschimpfungen wie: „Lass dich mal untersuchen, du alter Trottel."
Hier will ich einmal besonders auf die Verwendung der Gruppendynamik als Machenschaft eingehen. In einer Schwächung wird diese oft als letzte Möglichkeit zur Hilfe genommen. Es wird eine scheinbare Verstärkung geholt. Es werden Freunde, Experten oder Gruppen als „flying Monkeys" oder auch Scheinbilder verwendet, um den eigenen Standpunkt zu bestätigten.

Beispiele:
Ein Berufskollege sagt: „Die ganze Belegschaft ist meiner Meinung." Oder ein Kind sagt: „Ich mag diese Kekse nicht." – darauf die Mutter: „Komisch, alle Kinder mögen sie."
Beispiel: Zu einer Schulfreundin wird gesagt: „Du musst dich schon ein bisschen nach der Mode richten, sonst kann ich mich mit dir in der Klasse nicht mehr sehen lassen."

So wird oft versucht, andere durch Gruppenzwang oder „Gaslighting" zu manipulieren.

Dazu etwas über die komische Normalität

Jede Norm wurde ausschließlich von Menschen einer Gesellschaft bestimmt. Sie wird als ein einheitliches Maß einer durchschnittlichen Masse festgeschrieben. Zum Beispiel werden Schrauben mit bestimmtem Einheitsmaß genormt und somit gleichgemacht. So dient eine Norm in vielen gemeinnützigen Bereichen. Sie wird als Richtschnur und Zielvorstellung vorbestimmt, dann für gewöhnlich und als normal betrachtet und somit zur Normalität erklärt.
Eine entsprechende Norm wird mittels Verordnungen ebenso für unser gesellschaftliches Verhalten vorgeschrieben.
Der Begriff „Ver-halten“ stammt laut Duden eigentlich aus der Tierhaltung und hier kann verständlich gemacht werden, wie sich Normalitäten ändern können. In früheren Zeiten galt es als Normalität, dass Hühner und Kühe im Freiland gehalten wurden. Die heutige Normalität ist, dass sie ihre Zeit in Legebatterien oder Massentierhaltungen verbringen und nach bestimmter Norm, bei unnormalem Verhalten, Größen oder Krankheit gleich ausgesondert werden.

In dieser Betrachtung kann nun Normalität:
1. *Zweckmäßig durch Arbeitserleichterung, sowie wirtschaftlich sein.*
2. *Im Zwang der Tiere durch Einschränkungen der Bewegung zu monotonem Dahinvegetieren führen.*

Wie bei Tieren sollte ein Halten der Menschen ebenso nicht als in Stein geschlagene Gegebenheit hingenommen werden. Genauso und ganz besonders sollte hier die Normalität jeweils nach Zweck und Sinn überprüft und überdacht werden.
Denn da finden oft Normen, die meist als Verordnungen verankert sind, zum zielgerichteten praktischen Zweck einer einfach problemlosen Haltung der Bürger statt. Diese wird dann durch Angleichung an vorgegebene Normen ermöglicht. Gleicher

Haarschnitt, gleiche Uniform oder Gleichschritt wird dann zur Normalität erhoben. Schwache Personen fügen sich vielfach, da sie sich in der Masse sicherer fühlen.

In weiterer Folge können ebenso Kriege mit Panzern und Kanonen dann als normal bezeichnet werden. Ja, alles Geschehen kann als normal bezeichnet werden, um Zielvorhaben willkürlich zu bestärken. So kann jeder Irrsinn zur Normalität erhoben werden.
Komisch, dass eine Anwendung der Gleichheitsmaße nicht bei Gehältern und Pensionen von Wirtschaftsgrößen, Sportlern und Politikern nach einer Norm stattfindet. Denn da sind ihre Entlohnungen um ein Vielfaches „unnormal" höher.

Sicherlich werden Normbestimmungen in den technischen Bereichen praktisch und nützlich sein.
Im guten Sinne können sie auch in menschlicher Hinsicht durch die Gruppendynamik dienen.
Zum Beispiel könnten geschwächte, einsame Menschen aufgebaut und bestärkt werden, indem man ihnen vor Augen hält, dass mehrere Mitmenschen in ähnlichen Situationen oder ähnlicher Ansicht sind und sie damit nicht allein sind.

Doch genauso können Menschen mit ihren persönlichen Eigenheiten leider auch gedemütigt und abgewertet werden, indem sie meist schmerzlich als abnormale Außenseiter oder Querulanten bezeichnet werden.
Vielfach werden Menschen mittels Manipulation oder Bestimmungen zum Vorteil zielorientierter Machenschaften in einen Gruppenzwang getrieben.

Dazu ein reales Geschehen über die respektslose Entmachtung lösungsbereiter Menschen durch Bestimmungen gewinnorientierter Kommandanten, welche vielleicht eher wirtschaftliche Interessen hatten.

- *Schon vor einigen Jahren kamen Asylanten und Flüchtlinge in unsere Länder. Im Volk boten sich viele hilfsbereite Bewohner an, diesen eine Unterkunft zu stellen. Einige Gemeinden ermittelten ihr begrenztes Ausmaß. So gab es mehrere Gemeinden, welche in Zahlen diese Hilfestellung der Regierung übermittelten. Es war nicht nur ein Zeichen der Nächstenliebe, sondern eine sinnvolle Lösungsmöglichkeit, die weiten Anklang fand. So würde wohl eine vernünftige Integration mit persönlichem Engagement sowie geringem Aufwand fürsorglich stattfinden können. Damit wäre die Selbstverantwortung für Ordnung der jeweiligen Region anvertraut geblieben. Doch von oberen Behörden wurde keine Zustimmung erteilt und somit eigeständig fürsorgliche Hilfe verunmöglicht.*
  Dann wurde die Angelegenheit durch Massenhaltung von höchster Stelle bestimmt, wodurch eine riesige Problematik sowohl für friedliche Einwohner, wie auch für die Einwanderer entstand. Als logisch kann diese Ordnungsmaßnahme nur betrachtet werden, falls sie nicht einem menschlichen, sondern ein anderen Zweck dienlich sein soll.

Wo Fürsorge uns Menschen echt beglücken,
wird Gier und Neid dagegen rücken.

Ordnung muss sein

Im Idealfall dürfen alle Familienmitglieder ihr eigenes Ordnungssystem haben. Es kann jedem überlassen bleiben, wie Mutter ihre Fotos am PC ordnet, wann Vater seine Hobbywerkstatt aufräumt und wo Kinder ihre Schulbücher platzieren, solange es im Bereich unserer Eigenverantwortung liegt. Regeln benötigt es nur, damit keine Übergriffe oder Schäden in Fremdbereiche stattfinden. Menschlich gesehen ist das der gegenseitige Respekt. Jedes Kind weiß selbst, dass es unrecht ist, wenn ein Geschwis-

ter ohne Fragen sein Handy benutzt, stiehlt oder zerstört, und damit auch umgekehrt.
Also müssen Kinder nicht als „zu klein“ betrachtet werden, um einfache Regeln zu verstehen. Denn wenn Kindern bereits von ihren Eltern vertrauensvoll sinnvolle Regeln erklärt bekommen, werden sie in Überzeugung ihr Einverständnis geben.
So werden sie aus Liebe zu ihrer Familie Vertrauen gewinnen, Regeln respektieren und gerne auch ihren Beitrag leisten.

Eltern, welche selbst in ihrem Leben durch schmerzliche Missachtung oder Züchtigung bestraft wurden, fehlt oft die notwendige Geduld, um sich Zeit zu nehmen, den Kindern entsprechende Ordnungen und Regeln sinnig zu vermitteln.
So verlangen sie häufig blinden Gehorsam, hartherzig unter Androhung von Bestrafungen. Wenn überhaupt, folgen dann Kinder aus Furcht vor ihren mächtigen Eltern. Damit wird auch unwahrscheinlich, dass diese Eltern ihr eigenes Manko an echter Zuneigung von ihren Sprösslingen bekommen können.

Frieden erwirken wir
durch Sanftmut und Vertrauen.

Gesellschaftliche Ordnung

Das beschriebene Familienbild will ich hier gerne als Vorlage für unsere Gesellschaftsordnungen verwenden.
So könnten wir Bürgern wie Kindern das Vertrauen schenken, ihren Wohnbereich selbständig zu ordnen. Generell müssten wir nur versuchen, schädliche Übergriffe gegenüber anderen zu vermeiden. Dies könnten wir einfach durch gut durchdachte, gesunde Ordnungsregeln anderen verständlich machen.

Wie für Familien könnte dies auch in weiteren Menschengruppierungen, wie in Gemeinden, Ländern sowie der ganzen Welt, freundlich und liebevoll praktiziert werden.
Natürlich sollte ein Richter Strafen verhängen können, doch wäre seine Aufgabe in erster Linie, Fehlgelaufenen den rechten Weg zu weisen, ihnen die Möglichkeit einer Wiedergutmachung zu geben, um in der Gesellschaft wieder überzeugt und sinnvoll das Richtige beizusteuern.

Vielleicht wäre es wie in einer Familie auch im Volk besser, weniger der unübersehbaren Gesetze, Bestimmungen und Verordnungen zu haben, stattdessen nur wenige einfache, klare Gebote für die Bürger zu haben. Eine Zukunft mit neuer Normalität?

. . . ein steiniger Friedensweg

Generell möchte ich das strategisch kämpferische Schachspiel nicht missen, wie vielleicht auch du und andere gerne am Handy oder PC kämpfen, oder auch Glücksspiele machen. Ebenso können uns sportliche Spiele wie Fußball, Volleyball, Tennis usw. begeistern und erfreuen. All diese Aktivitäten sind geistiges Training oder Übung der Geschicklichkeit. Doch stets können wir dabei etwas gewinnen oder verlieren. Wir wollen es oft nicht wahr haben, wenn der Ausgang nicht unseren Vorstellungen entspricht. So können unsere Gefühle plötzlich hoch steigen und dadurch zuweilen Spielfiguren oder Tennisschläger durch die Luft fliegen. Manchmal neigen wir dazu, die Schuld bei den Mitspielern zu sehen und unsere Aggressionen mit Wut und Hass gegen diese zu richten. Damit versuchen wir mit der Realität gleich auch den Bösewicht zu zerstören und ihn mit Worten oder gar handgreiflich niederzumachen.

Beim Zusammentreffen zweier Choleriker kann das ein kabarettistisches Theater ergeben, wenn einer unabsichtlich dem anderen auf die Zehen tritt. Worauf der Leidende einen schrillen Laut ausstößt, durch welchen dem anderen nahezu das Trommelfell platzt und dieser, dem Schreienden erschrocken eine Ohrfeige knallt. So kann oft aus einer Lappalie ein hasserfüllter Kleinkrieg werden.
Bei solchen Geschehnissen wird manchmal der Körper, aber mehr noch unsere Ehre oder Würde verletzt. Vielfach verwenden wir daher eine Ablenkung, um eigene Verletzungen nicht wahrhaben zu müssen, denn damit können oder wollen wir ja nicht zufrieden sein.

Ich konnte schon erleben, wie sich ein Tennisspieler mit seinem Schläger seinen eigenen Kopf blutig schlug. Er war sichtlich mit seiner Leistung unzufrieden und danach zusätzlich noch mit seiner Selbstbestrafung. Er war im Krieg mit sich selbst. Alles nur, um die Realität nicht friedlich annehmen zu müssen!

Um zur inneren Zufriedenheit zu kommen, müssen wir uns ernst nehmen und Wege dafür finden.

Nun gibt es Menschen, die alles Geschehen selbstlos als gegeben hinnehmen und sich damit einfach abfinden.
Sie vermeiden damit aus Bequemlichkeit, sich selbst für ihre Spiel- oder Lebensziele kämpferisch einzusetzen. Letztlich wird ihnen ihr Spielen und Wirken langweilig und der reale Ausgang ist ihnen egal. Sie werden zu Spielverderbern und erdulden ohne Widerspruch ihre Enttäuschungen und Verletzungen. Dabei zeigen gerade diese ihre verdrängte Unzufriedenheit auf, die sie dann weiter belastet und so nicht gesunden kann.

Dazu will ich von einer Frau erzählen, welche schon im Alter von drei Jahren einen Liebesverlust durch ihren Vater erlitten hatte. Dieser hatte sie gegenüber ihrer Schwester stets benachteiligt. Als kleines Kind konnte sie sich nur damit abfinden. Doch diese mangelnde Anerkennung belastete sie bis ins hohe Alter und die Frau fand erst im Tod dann hoffentlich ihren Frieden.

In kleinen Spielen trainieren wir geistig und körperlich, uns für unser Glück und unser Wohlergehen einzusetzen. Wir lernen geschickt zu kämpfen, uns kreativ zu verteidigen, sowie mit Verlust und Gewinn umzugehen. In komplizierten Lebensspielen mit hohem Einsatz und größerer Wertigkeit können wir dann davon profitieren, um jeden Tag leichter den Frieden in uns selbst zu finden.

Zwei Lebenskünstler

Einen Gast hörte ich einmal sagen: „Es gibt auf der Welt nur Radrennfahrer und Rennradfahrer.“ So teilte er die Menschen in zwei Gruppen. Erstaunte Gäste fragten etwas verwirrt nach dem Unterschied, den er dann so erklärte: „Der Radrennfahrer fährt mit dem Rad Rennen, der Rennradfahrer fahrt nur mit dem Rennrad.“
Es inspirierte mich hierzu, ebenso Menschen nach ihrer Lebenskunst und Gesinnung einzuteilen und zu beschreiben.
In meinem einfachen Versuch benenne ich Lebenskünstler, einfach leicht geändert als: Radkunstfahrer und Kunstradfahrer.

Die Radkunstfahrer

Vor der Beschreibung will ich dir von einem Erlebnis berichten: Manchmal, wenn ich zu meinem Garten fahre, sehe ich in der Entfernung meinen Nachbarlandwirt mit seinem Traktor auf dem höher gelegenen Feld arbeiten. Fast jedes Mal, wenn er mich erblickt, fährt er zu mir herunter, stellt seinen Traktor ab, steigt aus und fragt mich, wie es mir geht. Wir plaudern dann eine kurze Zeit und manchmal vereinbaren wir uns dann auf eine Abendjause bei ihm oder mir. Stets freuen wir uns auf die freundschaftliche Begegnung mit Schwätzen und Spaß.

Diese Menschen haben meist viele Träume, doch sie legen ihr Augenmerk auf das tägliche, eher bescheidene Dasein. Der Weg ist ihr Ziel. Sie sind in Vielem genügsam und erfreuen sich gerne an Kleinigkeiten. Zwischen ihren verlässlichen Arbeiten haben sie Zeit, um auf andere zu achten und sich mit ihnen zu erfreuen, oder sich um sie kümmern. Nach ihren Möglichkeiten können sie den Urlaub im Süden genießen, aber im Alltag bereichern sie ihr Leben eher in ihrer gewohnten Region mit der Natur und ihren nahestehenden Mitmenschen.

Durchwegs sind sie wachsam auf Veränderungen sowie auf das momentane Geschehen. Es sind überwiegend ehrliche Menschen, die genug Mut besitzen, um Realitäten und erkannte Wahrheiten anzunehmen. Auf Familie und echte Freunde legen sie verantwortungsbewusst großen Wert. Ihre auftretenden Ängste oder Probleme bearbeiten sie am liebsten täglich und sofort. Damit können sie unbelastet wieder frei werden, indem sie rasch simple Lösungen dazu finden. In freundlichem Umgang lieben sie die Geselligkeit, die Musik, das Spielen, Spaß usw.
Sie können am Abend ihr Erschaffenes mit ihren geleisteten Veränderungen genießen, sich bei der Schöpfung bedanken, sowie mit gutem Gewissen den Tag in Frieden beenden.

Die Kunstradfahrer

Auch hier wieder eine kleine Vorgeschichte:
Zufällig kam ich an einer Straßenkreuzung zu einem eben geschehenen Unfall. Zwei Autos waren zusammengeknallt und standen schwer beschädigt mitten drin. Die Frau, die den Kleinwagen fuhr, sorgte sich bereits um ihre zwei mitgeführten Kinder und ihren Säugling, die Gott sei Dank mit dem Schrecken davon gekommen waren. Der Verursacher des Unfalls, sprang total hysterisch auf der Straße hin und her und schimpfte laut hörbar: „Ich sollte längst schon in B . . . sein!“ Dieses, etwa 30 km entfernte Ziel war wohl sein einziger Gedanke. Die Frau mit den Kindern interessierte ihn nicht.

Diese Menschen haben meist große Ziele. Ausgesprochen freundlich und großzügig können sich diese Mitmenschen zeigen, wenn sie dadurch Vorteile haben, denn ihre Wertbegriffe sind gerne auf Finanzen und Besitztümer gerichtet.
Ihr Streben nach persönlichem Erfolg nötigt sie oft, all ihre Mittel schonungslos einzusetzen, um Ansehen und Anerkennung

zu gewinnen. Oft verdienen sie sich durch Leitungspositionen meist mit ernster Miene, beachtlichen Respekt. Ihre Chancen sehen sie eher in der großen Welt als in nachbarschaftlicher Gesellschaft oder im regionalen Umfeld. Da sie ihren Fokus konsequent auf eigene Zugewinne legen, erreichen sie mit ihren Fähigkeiten vielfach Erstaunliches. Doch bleibt ihr Aufstrebensbedürfnis weiter grenzenlos. So haben sie auch eine Vorliebe zum ständigen Fortschritt und tun so, als würden sie ewig leben. Zu ihrer Sicherheit dienen Eigentumswerte, mit welchen sie ihre Verlustängste, sowie den Mangel an echter Zueignung verstecken können.
Abends bleiben ihre unerreichten Ziele noch in weiter Zukunft, wofür sie morgen wieder erneut kämpfen müssen. Probleme und Gefühle belasten sie kaum, da sie durchwegs bei den anderen gesehen werden und die eigenen verschleiert oder ignoriert werden können. Zur Ruhe legen werden sie sich mit einem gewissen Stolz, der sie dann liebevoll mit in die Nacht begleitet.

Viele Probleme entfachen sich im Aufprall zwischen beiden Lebenskünstlern. Doch um Frieden bewahren zu können, müssten wir vorerst für beide Gesinnungen Verständnis finden. Denn sie alle wurden ja so beseelt oder geprägt, bereits in ihrer Kindheit und weiter durch ihre Erfahrungen und Erlebnisse.
So handelt wohl jeder nach den verinnerlichten Wertbegriffen und Gesetzen, in seiner eigenen Überzeugung, somit stets fehlerfrei!
All unser Tun und Handeln ist daher immer richtig. Selbst wenn wir andere bestimmen lassen, war es unsere logische Wahl.
Allein mit diesem Wissen könnten wir eigentlich mit uns zufrieden sein und in Frieden verweilen.

Gier kennt keinen Frieden.

In Richtung Frieden gehen

Auf unserem Lebensweg stolpern wir vielmal über kleine oder große Steine. So haben wir immer wieder Probleme. Hierzu will ich erwähnen, dass alle Probleme in unserem innerlichen Unfrieden bestehen, weil die Realität nicht unseren Erwartungen oder angenehmen Vorstellungen entspricht. Damit gilt es also in einer solchen Krise, beides friedlich zu einigen. Dazu sollten wir vorerst wieder für unsere Enttäuschungen oder Verletzungen selbst Verständnis finden. Erst dann können wir uns vergeben und Lösungen suchen, die neue Wege aufzeigen.

Lachen ist die vollendete Form der Vergebung.

Um stets wieder neuen Frieden zu schließen, können wir folgende Schritte machen, welche ich nach meinen Erfahrungen hier als schlüssiges System beschreiben will:
Wir sollten . . .

1. *Realität, Wahrheit und ursächliches Verhalten mutig erkennen und akzeptieren.*
2. *uns selbst und unsere Gegenspieler achten sowie respektieren und dafür Verständnis finden.*
3. *uns besinnen und die gegenseitigen Verletzungen bereuen und verzeihen.*
4. *gemeinsam willig und kreativ nach Lösungen suchen, um neue Wege froh weiter zu gehen.*
5. *eine Wiedergutmachung vereinbaren und damit im Einklang den Frieden in gegenseitiger Dankbarkeit erhalten.*

Richtungsweisend können wir dazu als Gläubige unsere Glaubensbilder nutzen, sowie beispielsweise als Christen uns an den zehn Geboten orientieren.

Gute Gesinnung
ist der Sinn nach freudigem Leben.

Eine verkürzte Geschichte in der Nacherzählung:

Bei einem Unfall kam die Tochter eines Mannes ums Leben. Der Unfallverursacher begann Fahrerflucht und konnte nicht ausfindig gemacht werden. Der betroffene Vater versuchte, nach langer Trauerzeit diesen Fahrer durch eigene Ermittlungen zu finden. Nach beharrlichem Suchen war es ihm nach drei Jahren gelungen, die Adresse von diesem zu finden. Er nahm eine lange Reise auf sich, um sich bei diesem Menschen persönlich zu melden.
Als der Fahrerflüchtige von der angekündigten Ankunft des Vaters erfuhr, geriet er in Panik und fürchtete sich vor dieser Begegnung. So fürchtete er einen Racheakt wegen der verstorbenen Tochter.
Doch der Vater erklärte ihm, dass er nicht deswegen gekommen wäre, sondern dass er gekommen war, um ihm zu verzeihen, damit er nicht mehr diese schwere Schuld weiter in seinem Leben mittragen müsste.

... heute ist der Tag,
an dem du dir und jedem vergeben kannst,
damit sich das Leben wieder
zu neuem Aufblühen entfalten kann.

*Auf dem Weg zum Frieden,
begegnen uns viele Dämonen,
die den Frieden verteufeln, weil sie damit
keine Reichtümer anhäufen können.*

. . . und so wollen sie Friedenvertreter bekämpfen und zerstören. Sie streben nach Macht und sind nicht interessiert an einvernehmlichem Handel oder gütigen Vereinbarungen. Sie verschleiern ihr wahres Gesicht, ignorieren Gefühle wie eigene Bedürfnisse und hassen alle Glücklichen.
So erschweren sie es, Verständnis in Liebe für sie zu finden. Doch wir sollten nicht gegen sie kämpfen. Um sie zu ertragen, sollten wir eher genügend Energie und Kraft in unserer Schöpfung tanken und weiter furchtlos im Selbst- und Gottvertrauen unser Dasein genießen.

Noch ein toller Handel mit zwei friedlichen Gewinnern:

Eine Dame schlendert durch den Stadtmarkt und erblickt entzückt eine wunderschöne Decke. Der Händler entfaltet die Decke und beschreibt ihr die hervorragende Qualität.
Doch nicht wie üblich, strebt die Gesinnung der beiden danach, das beste Schnäppchen oder den höchsten Preis zu erhalten. Nein, sondern der Händler benennt seinen obersten Preis von 800 und betont, mehr würde seine Händlerehre gar nicht erlauben. Die Dame erklärt nach geprüfter Einschätzung, sie will zumindest 420 geben, sonst würde sie sich schämen und ein schlechtes Gewissen haben. Der Händler spricht davon, wie viel Arbeit für die Decke benötigt wurde und auch die Dame erzählt von ihren herzigen drei Kindern. Nun spielt es keine Rolle, ob sie sich nicht oder gütlich einigen können. Indem jeder seine glückliche Entscheidung getroffen hat, bleibt auch jedem der Gewinn dieser Begegnung.

Solche, mit vielen Ansichten
und tiefer Einsicht,
können vorsichtig mit Rücksicht
reiche Übersicht gewinnen
und hinsichtlich guter Absichten
hervorragende Aussichten haben.

trübe Vor- und Rücksicht –

über Empathen und andere

Hier will ich einmal verschiedene Sicht-Verhältnisse betrachten:

Vorsichtige Typen

Vorsichtige Menschen stehen am liebsten auf der sicheren Seite. In ihrer Vorsicht haben sie immer ein weites Ziel vor Augen. Manche dieser Menschen wirken anfangs leicht ängstlich, oft unsicher oder unbeholfen. Deshalb ziehen sie vielfach mitfühlende, hilfsbereite Typen an, die sie in ihrem Dasein fürsorglich unterstützen. In ihrer Vorsicht blicken sie stets nach vorne auf angesehene Vorhaben. Darauf wollen diese Menschen möglichst unbeirrt zustreben können. Alles, was sie davon ablenken könnte wie unliebsame Kleinigkeiten, interessiert sie eher wenig. So sind sie mit Vorsicht bedacht und ziehen ihren Weg meist achtlos an störenden Dingen oder auch Mitmenschen vorbei. Doch um ihre Vorhaben leichter zu erreichen, werden sie die Fürsorge und Rücksicht anderer gerne annehmen. Gelegentlich sogar loben, um sie darin zu fördern.

Rücksichtsvolle Typen

Diese Menschen stammen meist aus gesunden Familien, in welchen Gemeinschaftssinn zur Selbstverständlichkeit wurde, oder auch solche, welche Schmerzhaftes erfahren haben und die Erkenntnis hatten, Schaden weder sich, noch anderen in Zukunft zuzumuten. Es sind altruistische Menschen, die Mitgefühl, Verständnis und Rücksicht auf Mitmenschen nehmen können. Sie haben ein gutes Herz, sind fürsorglich und empathisch. So werden diese in einer Gesellschaft gerne gesehen und wirken bereichernd, doch durch übersteigerte Hilfsbereitschaft werden manchmal ihre Nerven belastet.

Leider werden sie vielfach be- und ausgenützt, wenn sie zu wenig Vorsicht auf ihre eigenen Interessen verwendet haben und dabei oft ganz auf sich vergessen. In ihrer Gutmütigkeit können sie so ein ausgewachsenes Helfersyndrom entwickeln.

Ein krasses Beispiel sind meist Frauen, die eher an egoistische Machos geraten sind. Sie sind fortwährend damit beschäftigt, für das Glück dieser Männer zu sorgen und ihnen alles Recht zu machen. Während sie ihre Zuneigung durch ihre Hilfsbereitschaft zeigen, bleibt dies oft nicht gewürdigt und wird zur Selbstverständlichkeit. Doch selbst wenn diese Frauen dann noch abgewertet oder gar psychisch und körperlich verletzt werden, finden sie stets noch Verständnis dafür, entschuldigen sich sogar für nichts und lassen sich selbstlos weiter benützen. Somit sind diese Frauen ihr wertvolles „Ich" selbst-los geworden. Sie können dann meist erst nach einer Krise eigene Fürsorge und Selbstachtung mühevoll wieder aufbauen. All dies geschieht wegen des Übermaßes an Rücksicht und der eigenen achtlosen Zurücksetzung.

Natürlich können solche Verhaltensmuster auch umgekehrt sowie in vielen anderen Konstellationen geschehen.

Wer rücksichtsvoll den Mut aufbringt
und hilfsbereit ins Wasser springt,
ums wilde Krokodil zu retten
hat einen Schaden, möcht´ ich wetten!

Nun, es ist das Maß der Dinge, denn in einem gesunden Verhältnis können entsprechende Vorsicht und Rücksicht zu einer beglückenden Lebensbereicherung werden.

Ein anschauliches Bild dazu:
Ein Autolenker blickt nach vorne auf die Fahrbahn. Er ist vorsichtig und fährt damit sicher. Sobald er jedoch Rücksicht nimmt, indem er in den Rückspiegel auf den Nachfahrenden schaut, kann er nicht mehr vorsichtig sein und ist also unvorsichtig. Sicher gelingt es erst, wenn er in seiner Vorsicht auf der vorliegenden Strecke keine Gefahr für sich sieht, dann kann er für eine entsprechende Zeit Rücksicht auf Nachkommende nehmen. Anschließend muss er aber wieder auf die Rücksicht verzichten, um Vorsicht zu haben. Logisch?

Genauso sollten wir zuerst vorsichtig auf unsere eigene Lebensstraße blicken, und erst nachdem wir einer kurzen Strecke sicher sind, können wir gefahrlos Rücksicht auf andere nehmen, um gleich danach wieder vor zu sehen auf unseren eigenen Weg.

Ohne eigenen Plan
führen andere dein Leben,
aber kaum zu deinem Vorteil.

Es kann zu viel, aber auch zu wenig Vor- oder Rücksicht geben.

Durchwegs wollen Eltern das Beste für ihre Nachkommen. In weiser Voraussicht sorgen sie bereits für eine Schulbildung, die dem Kind gute Aussichten auf angesehenen Berufsstand bieten. In guter Absicht sind viele Väter oder Mütter stolz darauf, ihr Erschaffenes großzügig zu vererben. In dieser Hinsicht können die Nachkommen dann praktisch in das Nest sitzen und in den Fußstapfen der Eltern weitergehen. So zeigt es sich oft, dass wie der Vater so sein Sohn ebenso Arzt wird, der Bauern-Sohn den Hof des Vaters bewirtschaftet, die junge Rechts-anwältin die Kanzlei ihrer Mutter übernimmt oder alle Kinder die leitenden Stellen im elterlich aufgebauten Großbetrieb besetzen dürfen.
Nach den Ansichten der Eltern vermag der vorgezeichnete Weg den Söhnen oder Töchtern ihren wirtschaftlichen Zukunftsweg bequem zu erleichtern. Solche Wege können über Generationen erfolgreich sein.

Doch hier will ich hinterfragen, ob alle Kinder oder jungen Menschen gerne den gleichen Weg wie die Eltern gehen wollen? Ob entsprechende Vorsicht, Einsicht und Rücksicht auf die Eigenheit dieser Nachfolger mit ihren Träumen gelegt wurde? Konnten sie überhaupt welche entwickeln, oder mussten sie stets in der Spur bleiben? Und wurden auch die persönlichen Werte und Andersheiten der Eltern genug beachtet?
Natürlich durfte ich viele Einsichten in schöne, doch leider auch in sehr unglückliche Lebenswege machen. So erlebte ich einen Bauern, dem es bis kurz vor seiner Pension noch Leid tat, den elterlichen Hof widerwillig bewirtschaften zu müssen. Ein Erstgeborener, welcher förmlich moralisch verpflichtet wurde, den Betrieb nach Vaters Vorbild zu führen, war lange Zeit

unglücklich und immer wieder krank, bis er erst nach Jahren einen besseren Weg für sich gefunden hatte. Ja, und viele Menschen sind oft finanziell gezwungen, ungeliebte Arbeiten zu verrichten und einige sind in ungeeigneten Tätigkeiten bereits psychisch angeschlagen und vergammeln geradezu an ihrem Arbeitsplatz.
Es wird also gut sein, solche Entscheidungen vorsichtig zu treffen, indem wir Rücksicht nehmen auf jeweils persönliche Motivationen und Fähigkeiten, welchen sowohl Eltern als auch Nachkommen ein erfüllendes Dasein ermöglichen.

Eine erfundene Geschichte

Auf einem steilen Wiesenweg treibt die mollige Bäuerin ihre Kühe abwärts, vorsichtig in Richtung Stall gehend. Ihr junger Bub fuhr mit etwas Abstand mit seinem Roller hinterher. Als die Schwerkraft den Roller immer schneller nach unten zog, schrie der Bursche: „Vorsicht, Mama“. Da drehte die erschrockene Bäuerin ihren Kopf zur Rücksicht nach hinten, verlor dabei die Vorsicht und hatte keine Übersicht mehr über den frisch abgelegten Kuh-Kot. Als sie ohne Absicht mit einem Fuß darauf stieg, rutschte dieser natürlich vorne weg, sodass ihr Gesäß auch noch darauf klatschte. Diese Ansicht hatte den heran flitzenden Jungen durch eine kurze Hinsicht hellauf zum Lachen gebracht, worauf er mit dem Roller an der kreischenden Mama vorbei, noch mit einer kurzen Ansicht auf das verschmierte Hinterteil, genau in die größte Kuh krachte. Alle beide hatten die Einsicht, dass sie wegen abgelenkter Vorsicht nun des Weiteren noch eine beschissene Aussicht hatten.
Die Kühe nahmen darauf keine Rücksicht und gingen ohne Aufsicht in den Stall.

In einem Dialog
ist der schwierigste,
aber wertvollste Teil,
das respektvolle Zuhören.

. . . giftige und gesunde Kritik –

Kabarett der Kommunikation

Du bist herzlich willkommen im Kabarett der Kommunikation. Es erwarten dich zauberhafte und schockierende Attraktionen aus den verrücktesten Begegnungen mit giftigen, doch vielleicht auch mit traumhaften Typen. Sei also bereit für dieses geistige Abenteuer, das ich dir hier bieten will – und versetze dich gleich in die folgende Lage:

1 Du begegnest einem Menschen, begrüßt ihn und fragst: „Wo kommst du her?", oder „Wie geht es dir?"

- *Kabarett-Schock: Du hast einen nichtssagenden Typen vor dir, der zwar sprechen könnte, sich jedoch auf die Lippen beißt, dich anglotzt und schweigt. Okay – war nichts – außer nonverbaler Kommunikation.*

2 Du begegnest einem anderen Menschen, begrüßt ihn und fragst: „Wo kommst du her?", oder „Wie geht es dir?"

- *Unterhaltungsteil: Dieser Typ ist gesprächsbereit und erzählt über sich und abwechselnd teilst auch du dich ihm mit. Irgendwann merkst du, dass er nicht dich, sondern nur sich selbst reden hört, sich wichtig macht, dich belehrt und irgendwie von oben herunter blickt. Da hast du einen monologbeflissenen Alleinunterhalter kennengelernt. Gratuliere!*

3 Du unterhältst Dich mit einem Bekannten und gibst schon ein bisschen etwas von dir Preis.

- *unsichtbarer Geist: Aus deinem Gegenüber kommen dann laufend beeindruckte Äußerungen wie: „Ja, ich kann dich gut verstehen – Wau, ich verstehe, allerhand, gell." Wenn dieser zwar viel Verständnis zeigt, jedoch kein wirklich persönliches Interesse spürbar ist, bist du möglicherweise nur einem Schleimbeutelexemplar begegnet.*

4 Du versuchst mit einem Menschen gegenseitig Erkenntnisse oder Erlebnisse auszutauschen.

- *Verwirrungskünstler: Dieser Typ spricht zwar in der „ich-Form“, doch unterbricht er dich öfters, wechselt ständig auf ein anderes Thema und zerredet alles. Wie ein Zauberer schafft er Ablenkung und verhindert damit jede Verantwortung, Lösung oder Vereinbarung. Es ist bestimmt eine besondere Attraktion mit solchen Kommunikationswildschweinen ewige Gespräche zu führen, ohne Sinn oder Ergebnisse finden zu können.*

5 Du sitzt gemütlich mit einem Mitmenschen zusammen. Du wie er machen gegenseitig Mitteilungen über sich, über Gott und die Welt und sprechen gut gesinnt in der „ich-Form“ miteinander.

- *Seltener Goldfund: Beide nehmen sich Zeit, jeweils dem anderen wohlwollend zuzuhören, Gesprochenes zu bedenken und für sich als geistigen Zugewinn einzureihen.*
  Dann bist du in eine Beziehung oder Gesellschaft geraten, in der du Bekanntschaft gemacht hast mit respektvollem Dialog, einem beglückenden Kabarett und einem traumhaften Typen. Total Applaus verdächtig!

6 Wieder einmal findest du dich mit Mitmenschen zusammen, wobei Mitteilungen, fachliche Ansichten oder Glaubensbilder ausgetauscht werden.

- *lodernde Zündschnur: Eine Zeit lang scheint es ein gutes Gespräch zu sein, doch plötzlich verwendet dein Gesprächspartner anstelle des „Ichs“ ein „ Du“. Somit beginnt er statt von sich, von dir zu sprechen und dir auch Lobendes oder Tadelndes anzudenken. Dies wieder kann dich in eine Verteidigungsrolle zu Wahrheitskorrekturen drängen. Wenn es dir aber gelingt, darauf nicht zu reagieren, dann kannst du die Manege verlassen und diesen überheblichen Feuerschürer alleine lassen.*

Mit diesen „Du-Sätzen" entsteht die Geburt der Kritik. Es wird der Grundstein für Streitgespräche, Eskalation oder Kriege gelegt. Wenn du noch mehr Kabarett möchtest, kannst du natürlich Aufrüsten mit eigenen „Du-du-Waffen", dich verteidigen oder versuchen, mit Wahrheiten und Fakten den Gegner in die Enge zu treiben. Doch hierauf darfst du damit rechnen, ein spannendes Schauspiel in einer hoch explosiven Giftküche mit Opferrollen und Wutanfällen, bis zu einem Krimi zu erleben.

Kritik ist meist lästig und unangenehm.

Sie ist grundsätzlich immer eine aus einer Sicht mitgeteilte Wahrnehmung. Mehr oder weniger sind wir alle empfindlich, wenn uns jemand sagt, was wir falsch gemacht haben oder besser machen sollten. Besonders wenn der andere Recht hat, denn wir wollen nicht gerne auf Fehler oder Täuschungen aufmerksam gemacht werden. Dabei können wir uns bloßgestellt oder abgewertet fühlen. Ja, es kann richtig weh tun, der Wahrheit ins Auge sehen zu müssen.
Es ist für mich sehr hart, wenn ich mir vorstelle, dass meine Lektorin viele Fehler bei der Buchkontrolle findet und einiges bekrittelt. Dann kommt noch das unangenehme Bewusstsein dazu, alles wieder ändern zu müssen.
Vielleicht ist es ähnlich, wenn ein Vater sagt: „Du hast einfach zu wenig auf die Prüfung gelernt." Dazu das Bewusstsein, aufleuchtet, sich selbst erneut einsetzen zu müssen: „Ärgerlich, jetzt sollte ich noch mehr tun, um die Prüfung zu bestehen."

Die meisten von uns ertragen Kritik unterschiedlich schwer, einige gar nicht. Sie werden giftig, wenn sie in Kritik kommen, drehen gerne den Spieß um und kritisieren dann selbst den anderen, doch oft abwertend und ungerechtfertigt.

Vielfach wird Kritik angewendet, um andere als dumm und minderwertig hinzustellen und dadurch sich selbst größer oder besser zu fühlen. Auseinandersetzungen mit solchen Menschen sind kaum sinnvoll oder erfolgsversprechend, denn sie können nicht auf logischer, fachlicher Augenhöhe diskutieren, sondern berufen sich hauptsächlich auf ihre Stellung, Ausbildung, Alter usw. Notfalls arbeiten sie unverschämt selbstsicher mit erdachten Unwahrheiten.
Eine besonders feige Unart ist das Kritisieren von nicht anwesenden Personen. Ohne Widerstand kann man sie mit Worten schlecht reden und ihren Ruf ermorden.

Als Tipp: In manchen unangenehmen Situationen kann ein Gang auf die Toilette aus möglicherweise entstandener Gefahrenzone verhelfen, Erleichterung und gute neue Ideen schaffen.

Nur wer Angst vor der Wahrheit hat,
verträgt keine Kritik.

Kritik ist ein vorgehaltener Spiegel

Ein unentbehrliches Werkzeug der Menschen ist zweifelsfrei der Spiegel, welcher zur Verschönerung oder zur Bestätigung gerne verwendet wird. Im Spiegelbild können wir unser Äußeres wahrnehmen. Wir dürfen unsere schöne Frisur betrachten, oder einen schwarzen Fleck auf der Backe sehen und ihn wegwischen.
Und so bekommen wir mit der Kritik einen Spiegel vorgehalten. Damit können wir unser Äußeres erkennen und gleich brutal erschrecken, oder halt sehen, wie wir wirklich sind. Unser Inneres Bild kann uns jedoch nur symbolhaft gespiegelt werden aber dennoch kann es uns gleich extrem erschrecken.

Allerdings wird das reale Bild da nicht so klar ersichtlich, daher sollte stets der Wahrheitsgehalt einer gestellten Kritik zuerst überprüft werden. Beispiel: „Du lässt hier immer absichtlich die dreckigen Schuhe stehen!“ Hier kann das „immer + absichtlich“ angezweifelt werden. Doch statt die Aussagen zu korrigieren, sollte man besser nach der Absicht der Kritik fragen.

. . . giftige oder gesunde Kritik

Sicherlich wäre es das Beste, wenn uns zuvor die Absicht beziehungsweise der Sinn und das Ziel von kritischen Äußerungen bewusst werden. In jedem Fall wäre es ein Vorteil, ob wir nun anderen den Spiegel vorhalten, oder einen vorgehalten bekommen, also selbst kritisieren oder kritisiert werden. Eine bewusst erkannte Absicht könnte vielleicht anstelle angedachter Kritik schon umgewandelt als Wunsch geäußert werden wie z.B.: „Stelle doch bitte deine schmutzigen Schuhe nach draußen!“

Also überlegen wir, welches Ziel mit der Kritik verfolgt wird:

- *Ist die Absicht, anderen Mitmenschen zu schaden oder sie abzuwerten? Mit unzähligen Kraftausdrücken kann so das Lebenskabarett sehr bereichert werden. Doch sobald der deformierte Kritikempfänger den Plan durchschaut, wird er einfach nicht mehr zuhören – und aus!*
- *Ist die Absicht, andere Mitmenschen im Aussehen oder Verhalten zu verändern? Dazu sollten wir akzeptieren, dass dieses Vorhaben in unserer Schöpfung nicht vorgesehen ist. Jeder Mensch darf nur sich selbst verändern!*
  Ohne Einwilligung oder zum Selbstzweck sind Zwang und Manipulation sündhaft und verwerflich.
- *Ist die Absicht, anderen Mitmenschen hilfreich in ihrem Leben zur Seite zu stehen, dürfen wir natürlich ein Hilfsangebot stellen. Mit der freundlichen Erlaubnis dürfen wir dann jegliche Kritik gewinnbringend anbringen oder im Gegenzug auch empfangen.*

In der Praxis des Alltags werden diese Dinge leicht wieder vergessen. So können Irrtümer wieder erneut zur Unterhaltung beitragen.
Vielleicht wird dies an Beispielen besser begreiflich:

- *Nachdem die Ehefrau vom Problem in ihrer Arbeit erzählt hat, erklärt ihr Mann liebevoll: „Du nimmst das zu wichtig und musst einfach Bla, bla, bla . . . und dann wäre es gelöst!" Darauf die Frau erklärend: „Danke, ich wollte keine weisen Ratschläge, sondern Verständnis hätte mir genügt. Er wieder: „Sag das doch gleich, verdammt !"*

Gleich ein weiteres:

- *Ein Kind erzählt der Mutter von seinem Mitschüler, der ihn so genervt hatte und er diesem deshalb eine knallte. Mutter: „Du hattest Recht, das kann ich gut verstehen", oder „Du bist halt ein Hitzkopf"*

Wenn hier lediglich Verständnis und weiter kein kritischer Gedanke gesetzt wird, bleibt das Verhalten des Kindes außer acht, wird missachtet und ignoriert.

Gesunde Kritik zeigt mehr Interesse als nur Verständnis.

Für Menschen, die wir lieben oder uns nahestehen, sollte das Interesse bestehen und entsprechend notwendige Kritik ungefragt und schonungslos angebracht werden. Möglicherweise bedarf es schon etwas Mut, um seinem besten Freund zu sagen, dass er schrecklichen Mundgeruch hat. Doch wenn dieser Freund sich dafür nicht bedankt, ist er keiner.

Wenn wir schlau sind, können wir alle Kritik gerne annehmen. Je ehrlicher unser Interesse an Mitmenschen wird und je näher

unsere Beziehungen sind, desto mutiger können wir erlaubte gesunde Kritik zur gegenseitigen Bereicherung zulassen.
In guter Gesinnung dürfen wir hilfreich Lösungsbilder ausmalen und bestärkt gemeinsame Lebenswege gehen.
Bei fachlicher Kritik sollten wir die Bereitschaft haben, auch ohne Einigung ein Ende in Frieden zu finden.

Ein Lob kann . . . nur derjenige geben,
der das Wertvolle am Mitmenschen achtet.

Kritik, welche gerne ertragen wird, wenn der Spiegel spricht: „Du mit deinen schönen Augen, deinen fleißigen Händen und deiner herrlichen Stimme bist mir das Liebste an meiner Seite!“

Wer die Meinung anderer
nicht gelassen anhören kann,
will meistens nur der eigenen Geltung verschaffen.

. . . ziemlich logische Hinweise

Anleitungen: Wie ich aus dem Paradies der Schöpfung fliege,
oder mein freudvolles Da-sein zerstören kann.

Wenn ich an mir keinen Gefallen finde,
werde ich kaum erlauben, dass es ein anderer tut.

Wenn ich das Gute in mir nicht schätze,
wie sollte ich da zum Schatz für jemanden werden?

Wenn ich mein DA-SEIN hasse,
wodurch sollte ich Freude gewinnen?

Wenn ich meinen Körper nicht mag,
durch was sonst könnte ich Zärtlichkeit spüren?

Wenn ich auf das achte, was mir missfällt,
wie könnte ich Freude ernten?

Wenn ich kein klares Ziel habe,
kann ich schwerlich dort ankommen.

Wenn ich mein Leben nicht gestalte,
tun es andere, doch zu ihrem Vorteil.

Wenn ich keinen Plan habe,
werde ich nur umherirren.

Wenn ich nicht genieße,
werde ich ungenießbar.

Wenn ich sowieso nichts anstrebe,
was sollte mir da glücken, oder mich beglücken?

Indem ich sage: das macht mich krank,
kann sich die Vorstellung erfüllen.

Solange mein Geist in der Zukunft oder Vergangenheit weilt,
bin ich nicht gegenwärtig.

Solange ich selbst festhalte,
kann mich niemand erlösen.

Solange ich nichts ändern oder akzeptieren will,
lasse ich sogar Unglück an mir kleben.

Was ich nicht in mein Bewusstsein lasse,
kann ich selbst nicht lösen.

Wenn ich Körper, Seele und Geist nicht einige,
herrscht Krieg statt Ruhe und Frieden in mir.

Wenn ich die Wünsche meiner Seele missachte,
kann ich mit Botschaften meines Körpers rechnen.

Wenn ich Ängste verdränge,
tauchen sie in unpassenden Momenten wieder auf.

Wenn ich Kritik ablehne,
verzichte ich auf wertvolle Hinweise zu meinem Glück.

Was ich mir nicht vergebe,
werde ich behalten und weiterhin tragen müssen.

Logik ist gar nicht so blöd,
denn wenn sie vorhanden ist,
kann sie hilfreich zu gutem Verständnis führen.

Anleitungen: *Wie ich mein Da-sein genau so leicht und gut wie meinen Tag und diesen Moment erfüllen kann.*

bewusst Ankommen

Ich bin in diese Welt geboren – so wie ich bin.
Erst durch diese reale Ankunft darf ich leben, darf wachsen, darf verändern, darf wandeln und wirken.
Jeden Morgen komme ich an - in meinem neuen Tag.
Wenn ich mich, so wie ich bin, meinen Körper, meine Seele und meinen Geist willkommen heiße,
so werde ich bereits freudig DA-SEIN.
Jeden Moment in meinem Leben, in dem ich mich selbst annehme, kann ich mich bewusst SEIN lassen, wie ich bin.
Ich bin selbstbewusst und finde Freude daran.

dem Tag einen Sinn geben

Jeder Schritt meines Lebens wird freudig, wenn er zum Ziel meines Herzens führt.
Also will ich träumen, will mich begeistern, motivieren und leiten lassen von Bildern, welche mich bereits in der Vorstellung anziehen und erfüllen.
Ich will planen, gestalten und damit das tun, was ich wahrhaft liebe und mir gut tut.
Ich will mir ein Ziel setzen, das meinen Tag wertvoll macht.
Ich bestelle, was ich vom Leben erhalten will.
Ich bin göttlich und erschaffe selbst mein freudiges DA-SEIN.

den Moment lieben

Wenn ich mit meinem Körper, meinem Geist und meiner Seele wahrhaft da bin, wo ich bin,
kann ich jeden Schritt stets vertrauensvoll setzen.
Meine Sinne führen mich.
Angst zeigt mir, wo Gefahr ist und gibt mir den Anstoß, auf mich zu achten.

So bin ich frei und kann meinen Blick auf die Schönheiten dieser Welt richten.
Ich kann betrachten, was mir gefällt, hören, was gut klingt, riechen, was gut duftet, essen, was mir schmeckt, trinken, was mich erfrischt und be-greifen, was wirklich gut für mich ist.
Ich genieße, was mein Herz erfreut.

Damit beginne ich zu lieben und kann allem und jedem offen begegnen.
So gewinne ich fortwährend einen Reichtum an Freude und mache jeden Moment meines Lebens zu einem sinnvollen DA-SEIN.

den Frieden annehmen

Was mir am Tag geglückt ist, wird mich am Abend erfreuen und stolz machen.
Jeder Verlust und jedes Unglück, das ich erlitten habe, zeigt mir, wie wichtig mein Leben und meine Erfüllungen sind.
Meine Fehler zeigen mir, was mir fehlt.
Am Ende meines Tages kann ich erfahrenes Unglück betrauern und die Vergangenheit verabschieden.
Indem ich mir und aller Schöpfung vergebe, kann ich Frieden finden und mit Lachen über Glück und Missgeschick meine Seele von jeder Last erlösen.
Gleichsam wird mein Körper gelöst sein und kann zusammen mit meinem guten Geist Gesundheit ernten.
Im Schlaf erhalte ich neue Weisungen, die mich zu einem weiteren freudigen DA-SEIN führen.

Wenn ich meinem Leben
selbst keinen Sinn gebe, hat es keinen!

. . . ein „grausamer“ Tag –
ein dunkles Herbst-Gedicht

. . . heute ist die Welt so trübe, ich fühle mich recht müde,
außer ruhen mag ich heut gar nichts tun,
und hab zu gar nichts Lust, ist das herbstlicher Frust?
Die Laune drückt mich nieder und schwer sind alle Glieder.
So lege ich für des Tages Rest, mich besser wohl ins Nest,
denn bisher hab ich nichts geschafft, mir fehlt dazu die Kraft.

Niemand soll mich etwas fragen, denn ich mag nichts sagen.
Ich mache auch kein Spiel, mir ist alles zu viel.
Andauernd muss ich gähnen, das wollt´ ich noch erwähnen,
und weder dies noch das, nichts macht wirklich Spaß.
Es ist, ich glaub es kaum, wie in einem schlechten Traum,
nein, so vor Faulheit strotzen – ist doch echt zum Kotzen.

Mich verlässt der Mut, ich bin für nichts mehr gut,
und mag an lustigen Sachen, heute überhaupt nicht lachen.
Was will ich hier denn noch - in diesem tiefen Loch.
Es scheint, ich komm nicht raus, so sieht es leider aus.

Arbeit ist nicht richtig, das Denken ganz unwichtig,
und von jeder Tätigkeit möchte ich zurzeit
mich total entbinden und von der Welt verschwinden.
Alles ist mir schon egal, das ist doch nicht normal.
So ist´s noch nie gewesen, ich mag nicht einmal lesen.
Selbst durch inniges Ringen, kann ich mich zu nichts zwingen.
Das Leben hat so kein Zweck, ich steck ganz schön im Dreck.

Zu all dem großen Mist womöglich Vollmond ist.
Ach, die Natur in Achtung, mir reicht jetzt die Betrachtung.

Die Nächte werden länger, Gefühle immer enger.
Der Wind fegt Blätter von den Bäumen, wie in Horrorträumen.
Nebelschwaden überall und kalt wird's ganz brutal.
Kahl wird nun die ganze Welt, man fragt sich, was noch zählt.

Ja, rundherum ist es so weit, dass man genau in dieser Zeit
kaum noch an Leben denkt - und Achtung mehr den Toten
schenkt.
Böse Geister, arme Seelen - noch die letzte Freude stehlen.
Unaufhaltsam ohne aber, der Untergang wirkt sehr makaber.
So vieles geht verloren, für was bin ich geboren?
Ja, ich frag, wozu ich bin, wo liegt denn da der Sinn?
Steht es in den Sternen, oder kann ich daraus lernen,
kann ich den Fluch entbinden und doch noch etwas finden?

Wäre ich . . .
. . . wie der Herbst und dieser Tag, den ich ungern mag,
gar nie geboren, dann wäre ich auch nicht auserkoren,
nicht zum Streben, nicht zum Leben
und könnte daher auch nicht Sterben
. . . und niemand könnte, weder meine Liebe,
noch die Scherben – oder etwas andres erben.

Im Herbst, da fallen die Blätter –
Donnerwetter!
Im Frühling sind sie wieder dran –
sieh mal an!

. . verdammte Krise –

auch über dumme Esel

„Ich krieg die Krise!" konnte man auf einer Safari schreien hören, wenn so ein dummer Packesel plötzlich störrisch stehen blieb, alle Lösungsversuche gescheitert waren und der Weg nicht fortgesetzt werden konnte.
Zum besseren Einfühlungsvermögen in diese Situation will ich hier für dich als Leser und besonders für heutige Generationen die Esel-Eigenschaften etwas näher bringen. Ich zitiere hier eine treffende Beschreibung:

> *Wenn ein Esel etwas nicht machen will, macht er es nicht.*
> *Egal wie sehr man ihn bittet, nötigt oder bedrängt.*
> *Er ist zu dumm zu verstehen, was man von ihm will!*

Vielleicht wurde ein Esel nur deshalb abwertend als „dumm" bezeichnet, weil er einen Menschen in eine dumme Situation bringen kann, in der dieser selbst dumm dasteht und im Augenblick machtlos ist.

Wir stecken in einer Krise fest

Wie in der Safarisituation können wir auch die Problematik einer Krise betrachten. Im Moment fühlen wir uns ohnmächtig und ausweglos, ohne Lösungsmöglichkeit, weil der dumme Esel einfach nicht weiter geht. Dies kann uns mutlos, melancholisch machen und bei uns Resignation, Ängstlichkeit und Besorgnis auslösen, sowie unser seelisches Gleichgewicht beeinträchtigen. Der Drang, eine entscheidende Wende herbeizuführen kann in uns einen Prozess auslösen, geistige Entzündungen und gleichsam körperliches Fieber verursachen. Wir sind abhängig von den Launen des Esels, unserem Partner, den Führenden, oder dem Schicksal. Wir allein können im Moment nichts tun und so werden wir in einer Krise gezwungen, unsere Macht-Grenzen sowie unsere menschliche Kleinheit zu erkennen. Dabei werden wir meist von starken Gefühlen überrascht, die uns lange quälen können und nicht einfach wegzuwischen sind. Unterschiedlich viele Krisen können uns auf dem Lebensweg begegnen, zum Beispiel wenn wir einen lieben Menschen verlieren, eine Krankheit erleiden, eine Trennung durchmachen, keine Arbeit haben, oder uns Existenzängste quälen. All unsere Zukunftsbilder, wie auch unsere Lebensfreude und unser Lebenswille können dadurch beeinträchtigt oder zerstört werden.

Jede Krise ist mehr als ein Problem

Ein persönliches Problem können wir meist rasch durch eine eigene Lebensveränderung lösen. Je nach Möglichkeit und Kreativität können wir entweder unsere Vorstellung, oder die Realität verändern und somit eine Lösung erarbeiten.
Im Unterschied dazu ist jede Krise nicht nur ein persönliches Problem, sondern steht immer in einem Zusammenhang mit unserem Umfeld, auf welches wir jedoch kaum Einfluss nehmen können – wie auf den Esel.
So geht es auch immer um unsere sozialen Verwurzelungen, die Familien-Strukturen, die Freunde, die Partnerschaft, die Wirtschaft und ebenso um unsere Anerkennung und die Liebe.
Und so wird jede Krise zu einer Auseinandersetzung mit unserem Lebenssinn und der Natur in und um uns. Ja, eine Auseinandersetzung mit der Gemeinschaft, der ganzen Schöpfung und letztlich mit unserem Glaubensbild oder Gott.
Um eine Krise zu überstehen, können wir selbst nur einen geringen Teil beitragen, denn es geht um alle Welt, die in unserem Herzen Beachtung, Akzeptanz und wieder Frieden finden will.
Dies kostet uns viel Geduld, Zuversicht und oft lange Zeit, bis dann vielleicht wie im Bildnis der Esel-Krise, Gott sei Dank, der Esel mit uns von selber weiter geht.

Verzweifelt nach Schuldigen suchen oder beten?

Eine Krise ist also ein herausfordernder Lernprozess, den manche Menschen gerne ausblenden und lieber einen Schuldigen suchen, um Trauer oder Machtlosigkeit nicht erdulden zu müssen. So kann man dem Esel nicht nur das Gepäck, sondern gleich alle Schuld aufladen. Ebenso kann man dem Wetter, dem Eselhalter oder sich selbst die Schuld zuweisen. Wenn in der Krise gleich mehrere Probleme zusammenfallen wird die Auswahl natürlich noch größer. Doch all diese Versuche bleiben nur Verzweiflungsaktionen zum Zwecke der Ablenkung.
Es wird eindeutig besser sein, wenn wir furchtlos sowie mutig dem Leid in unserer Krise ins Auge sehen und mit einem Bittgebet versuchen, zu lösen, was wir lösen können und demütig zu erdulden, was wir im Augenblick nicht ändern können und damit zuversichtlich unseren Weg mit Gottvertrauen fortsetzen.

Krisen sind notwendig!

Wenn man eine Nacht lang „gesündigt" und es zu arg getrieben hat, kann man am nächsten Tag ein bisschen krank sein. Doch das geht meist genauso rasch wieder vorbei. Wenn man wochen-, monate-, oder gar jahrelang „gesündigt" hat, kann man schon sehr massive Schäden davontragen und in eine massive Krise rutschen. Diese zu heilen bedarf meist eines längeren Heilprozesses, damit man die schädlichen Gewohnheiten verlassen und das Leben wieder sinnvoll neu gestalten kann. In unserer Zeitepoche haben wir uns auf dieser Erde schon jahrelang mit unserer Luxus-, Wirtschafts-, Finanz- und Macht-Gier „vergnügt" - strenger betrachtet eben „gesündigt". Diese Sucht-Krankheiten gehen kaum in einem Tag vorbei und damit sie uns überhaupt bewusst werden, müssen sie zuerst entsprechend schmerzen, sonst würden wir ewig so weiter machen. Damit gäbe es keine Erneuerung und keinen Wendepunkt.

Vieles in unserer Zeit sollten wir Erdenbewohner neu überdenken und uns bewusst machen. Was für uns gesund oder schädlich ist – was Einschränkung oder Freiheit ist – was Angst oder Freude macht, was Ablehnung oder Anerkennung bedeutet, was Schmerz oder Liebe bewirkt.
Wir alle, die Führenden, die Wirtschaftstreibenden und die Bürger, brauchen Zeit, damit sich eine erforderliche Wandlung neu vollziehen kann. Darüber dürfen wir alle uns freuen, denn der Anfang für diesen Heilprozess ist bereits durch jede Krise gemacht.

Mit der Krise beginnt ein Prozess

. . . bei dem sich sowieso vieles verändern, oder sterben wird. Für einen friedlichen Weg müssten wir alle unser einschlägig erkranktes Konsum-Denken eingrenzen, um menschliche Werte stärker in unser Bewusstsein zu bringen. Nur so können wir neue Lösungen finden, um aus einer süchtigen Konsumgesellschaft eine freudige Wohlstandsgesellschaft zu machen.
Für ein gesundes Fundament reichen keine rosaroten Prophezeiungen und bestimmt keine Unterstützungen, die nur das alte System wieder erhalten und stützen sollten. Nein, wir müssen mit Sicherheit einige echte Einbußen bewusst in Kauf nehmen. Wie man zum Aufbau von Widerstandskräften gesunde Ernährung durch weniger Belastendes, Bewegung und Training, Freude, Freunde, Träume und Ziele braucht, so müssten wir vielleicht auch eine wirtschaftliche Fastenzeit mit großer gegenseitiger Achtung beginnen.
Auch sollten wir Verantwortung und Forderungen an die Politik, an die Mediziner, sowie an vielen fürsorglichen Einrichtungen herunterschrauben, dafür gewissenhaft mehr Eigenverantwortung für uns und unsere Mitmenschen übernehmen. Wir sollten Vertrauen in unsere Regierenden bekommen und diese in uns, das heißt aber auch gerechter mitzudenken. Nicht mehr Riesengewinne anstreben. Keine Überbewertungen verherrlichen, wo Spieler oder Sportler Millionen einstreichen. Für leitende Positionen nicht mehr

ein Vielfaches der Mitarbeiter entnehmen, sondern sich selbst berufen sehen als ein mittragender Bewohner unserer Gesellschaft. Unsere Führenden könnten entlastet werden und vorwiegend für die Grundrechte, Ordnung und Erhaltung der Natur sorgen, während jeder Bürger kreativ – mit Achtung vor der Andersheit, Ergänzung und Freundschaft - sein Leben verwirklichen könnte.

So könnte unser Gewinn anstelle von Konsum-Füllung zu einer Erfüllung in echtem Wohlstand werden - mit Liebe, Spaß und Sinnlichkeiten.

Eine kleine Verkehrskrise:

Niklas kam mit seinem Auto in eine Verkehrskontrolle. Der Polizist verlangte die Fahrzeugpapiere, Führerschein und nahm sich in Ruhe Zeit, das ganze Fahrzeug zu kontrollieren. Sichtlich überbeflissen fand dieser Beamte endlich eine Beanstandung, die seiner Ansicht nach ein Bußgeld rechtfertigte. Niklas empfand es eher als Schikane und bekam eine kleine Krise. Doch da er sich nicht sinnvoll gegen die Staatsgewalt wehren konnte, bezahlte er. Innerlich etwas aufgebracht, konnte es Niklas sich aber nicht verkneifen die Frage zu stellen: „Darf man zu einem Polizisten Esel sagen?“ Der Beamte donnerte: „Nein, das ist strafbare Beamtenbeleidigung!“ Etwas nachdenklich meinte Niklas darauf: „Aber umgekehrt dürfte man zu einem Esel schon ungestraft Polizist sagen, oder?“ Wirsch kam die Antwort: „Ja, klar!“ Daraufhin sagte Niklas mit fester Stimme: „Also gut, dann schönen Tag, Herr Polizist!“

„Wenn dem Esel zu wohl ist, geht er aufs Eis.“

Dieses Sprichwort zeigt uns, wie unklug es wäre, wenn ein Esel sich aufs Eis wagt, auf dem er keinen Halt findet, einbrechen könnte und sich so selbstzerstörerisch schaden würde. Doch so blöd ist ein Esel nicht, denn er achtet auf sich, geht ausdauernd und bescheiden seinen Weg, bleibt stehen, wenn ihm etwas zu viel wird. Er rastet aus – nicht indem er verrückt wird, sondern indem er seine Grenzen erkennt, damit seinen Ruhebedarf fordert und ihn genießt.
Diese Schöpfergabe wurde aber nicht allen Erdenbewohnern geschenkt. Meistens sind es jene Menschen, die im Wohlstand gut leben können, aber mit ihrem Dasein nie zufrieden sind. Wie innerlich getrieben sind sie süchtig nach grenzenlosem immer mehr. Mit ihrem schon belastenden Wohlstandsgepäck wagen sie sich dümmer als ein Esel aufs Eis. Leichtsinnig, bedenkenlos und ohne Rücksicht auf die Gefahren für sich selbst oder andere. Damit sind meist Unfälle und Zerstörungen vorprogrammiert.
So können die Auswüchse des Überdrusses zu einer Seuche mit verschiedenen Krankheitsursachen führen. Einfach betrachtet, könnte man diese Auswüchse als Macht, Gier, Neid, oder als böse, narzisstisch und dämonisch benennen. Doch ich will es hier nicht so einfach machen. Denn zum einen haben alle menschlichen Handlungen eine Vorgeschichte, und zum anderen reizt es mich, einige der unzähligen verschiedenen Motive kennen zu lernen, um dadurch auch hilfreiche Erkenntnisse zu gewinnen. Also lade ich dich auf das nächste Kapitel ein, um mit mir auf eine gedankliche Reise zu gehen. Dabei will ich aus meiner Beobachtung das derzeitige gesellschaftliche Geschehen beleuchten. Um es aus mehreren Perspektiven zu erhellen, habe ich für dieses Thema zwei Überschriften gewählt:

die Suche nach Gold und Glück.

+ ein wucherndes Gewächs.

. . . die Suche nach Gold und Glück.

Die Schöpfung hat uns Erdenbewohner gut bedacht und dank unseren Fähigkeiten könnten wir alle auf dieser Erde in Zufriedenheit leben und lieben. Doch wahrscheinlich sind es die größten Probleme, die wir selbst verursachen und die uns auf der Suche nach Gold und Glück wie eine Seuche überfallen können. Es ist verständlich, dass grundsätzlich alle Menschen nach ihrem Lebensglück streben. Viele versuchen, über Reichtum, Luxus, Geld oder Macht zu erwünschtem Wohlstand zu gelangen. Damit wollen sie Beachtung finden, Ansehen und Anerkennung erhalten und glauben, so ihr Lebensglück zu finden oder erzwingen zu können. Doch ihre ständigen Gewinnsüchte lassen sie nicht wie einen Esel zu friedlicher Ruhe kommen.
Sie streben endlos weiter wie Getriebene und realisieren nicht, wie sie bereits auf dünnem Eis tanzen und einbrechen können. Wie schon oft in der Weltgeschichte kann sich das Ziel einiger Mächtigen in ihrem irrwitzigen Größenwahn wiederholen. Heute könnten es Weltwirtschaftsgrößen und Finanzeliten sein, die es verstehen, selbst die Politik für ihre grenzenlose Gier einzusetzen und am liebsten Gott spielen, indem sie die ganze Welt und alle Völker global bestimmen und beherrschen können. Ist das ihr Glück? Und werden sie für ihre Taten echte Liebe und ihre wahre Lebenserfüllung ernten können?

Durch das Streben nach
Reichtum und Macht,
verfallen wir leicht in die Armut an Liebe.

. . . ein stets wucherndes Gewächs

Seit Jahren haben wir unsere Kultur- und Konsum-Gesellschaft aufgebaut und durch grenzenlosen Fortschritt macht uns nun das Übermaß an Reichtümern massive Probleme. Es ist des Guten zu viel geworden. Wir haben zu viel Geld, Gold, Autos, Besitz, Hallen, Märkte, Produkte, Museen, Vorschriften, Gesetze usw. Dennoch scheint es für die Wirtschaft und Politik, wie auch für viele Mitmenschen immer noch nicht genug zu sein. Die meisten wollen doch von den Annehmlichkeiten nichts entbehren müssen, ganz im Gegenteil. Es wird um Bodenschätze gekämpft und mit Schuldengeldern E-Autos, Industrie- oder Kriegsgebiete gefördert. Und einzelne Bürger wie auch Großkonzerne bereichern sich weiter nur auf ihren Vorteil bedacht. Und mit dem „je mehr“, wachsen die Erhaltungskosten und auch die Verlustängste welche dann nach noch mehr Sicherheit verlangen. So wuchert eine egoistische Gier nach ständigem Mehr an Wohlstand. Damit kann man sich alles bestellen oder kaufen und kann es sich leisten, den Rest der Welt zu ignorieren. Zu ihrem Glück finden diese gehobenen Herrschaften reichlich Achtung und Anerkennung bei den Mitmenschen, welche sich ebenso einen Vorteil ähnlicher Wertbegriffe davon versprechen.

Wer nicht von diesem wuchernden Gewächs befallen ist, bleibt meist bescheiden, arbeitet und freut sich an seinem Beitrag für andere und der Gesellschaft und so finden sie echte Zuneigung sowie Freunde und einen Krümel Gold in ihrer Zufriedenheit.

*Wir können ohne Sorgen leben, indem wir dafür sorgen,
dass wir unsere Sorgen einfach entsorgen.*

. . . todgeweihte Klumpfüße

Wer sich medial informiert, hört fast täglich von neuen Verordnungen oder Gesetzen, doch ich habe noch nie gehört, dass alte vernichtet wurden! Und wie schlau findest du jene, die stets neue Möbel kaufen, aber die alten nicht entsorgen wollen und in der Wohnung belassen? Eigentlich benötigt man für logisches Verständnis kein Studium, sondern lediglich einen gesunden Hausverstand.
Noch eine Anleitung der Natur: Nachdem ein Apfel seine Erfüllung gefunden hat, fällt er im Herbst vom Baum und verwest am Boden. Er stirbt, damit aus dem Kern ein neuer Baum keimen kann.
In unserer Zeit fällt mir auf, wie unzweckmäßig oder sogar hinderlich Gewordenes am Leben erhalten wird, obwohl es schon am verwesen ist. Man lässt es bewusst nicht sterben, weil es irgendwie doch noch ein Gewinn für jemanden abwirft.

Um eine Zukunft neu zu gestalten, müssten wir vieles, das nicht gut tut, sterben lassen! Doch sichtlich sind einige von allen guten Geistern verlassen worden. Einige der „Größen“ wollen keinen Krieg sterben lassen, denn sie fördern Waffen und sorgen dafür, dass Kriege möglichst lange leben. Welch ein Unsinn und Unrecht – und welch ein Gewinn für was oder wen?
Weiters gibt es Massen an maroden Betrieben, Kulturstätten, Museen und Einrichtungen, die ohne riesige Finanzunterstützungen längst gestorben wären und gigantische Kosten ersparen würden. Überhaupt will ich hier, wenn nicht alle, so doch die meisten Förderungen in Frage stellen, denn genau diese verursachen riesige Gewinne auf einer Seite, sowie riesige Einbußen und Schäden auf der anderen Seite.
Ich denke an unser gesamtes Verkehrsgeschehen, welches ohne Steuerbegünstigungen und Förderungen vermutlich automatisch

halbiert wäre. Allerdings müssten wir unsere Hauspizza kostengünstiger selbst abholen und auf eine Amazonlieferung etwas länger warten.
Vorausgesetzt, dass man das Fördergeld den Bürgern belässt, hätten sicher alle genug, um es selbst nach eigenen Wertbegriffen gesund einzusetzen. Möglicherweise könnten sich gesundheitliche Erfolge bei Schülern und Pensionisten durch mehr gehen statt fahren zusätzlich einstellen.

Nun ist mir klar, dass dies nur kleine erträumte Zukunftsbilder sind, die für ein Volk gut wären, doch bleibt es fragwürdig, weil ob Verantwortlichen ihre dicken Finanzkühe sterben lassen würden.

Kontakt-Allergie

Da war ich doch kürzlich meinen Freund besuchen, mach Türe auf – war zu, ich klingle – keine Glocke da, steig aus dem Auto – kein Parkplatz frei, na, dann bin ich gleich gar nicht hin gefahren.

Besuche sind heutzutage sowieso eher selten, ausgenommen von den Nachrichtensprechern oder Serienhelden. Wir leben in unseren Wohnungen oder auch Häusern sehr isoliert. Die meisten kennen nicht einmal ihre Nachbarn. Und wenn, dann sind Kontakte eher kurz und oberflächlich. So vereinsamen viele alten Mitmenschen. Doch es ist auch für Alleinerziehende mit ihren Kindern oder Kleinfamilien nicht einfach, gute Kontakte zu knüpfen und zu pflegen. Noch besser abgeschirmt fahren wir in unseren Autos. Da kann uns nicht mal mehr der Blitz besuchen. In Bus oder Bahn gleicht es schon einem Wunder, wenn es uns gelingt, mit einem Fahrgast Augenkontakt zu bekommen. Auch in Warteräumen sind Menschen wie abgeschottet mit ihren Handys unzugänglich.

Manchmal scheint es, als würden Passanten auf der Straße Angst haben vor Ansteckung, wenn sie in freundliche Gesichter sehen. Besser geht es dann auf großen Events, wenn man mit dem „Kontaktmanager Alkohol" gesellschaftliche Freuden hat. Ist unsere Kultur weniger menschlich zugetan oder gespalten worden? Vielleicht wollen sich viele mit der Andersheit der Mitmenschen gar nicht mehr auseinandersetzen und gerne zurückgezogen leben? Es liegt vermutlich an der Zeit der letzten Jahre, doch es betrübt mich manchmal.

Natürlich weiß ich von vielen, die gemeinschaftlich in liebevollen Familien, in Vereinen und in guten Freundeskreisen ihr Leben genießen und diese Gewissheit ist sehr wohltuend für mein Herz und meine Seele.

paradoxe Hirnvergiftung

Es sind sehr merkwürdige Geschehnisse in den letzten Jahren. Nicht nur die vielen Science-Fiction-Serien, die blutigen Krimis oder 007-Filme, sondern die allgemeinen harten Worte und Gesichter, die wir in den Medien zu sehen oder hören bekommen, sind wenig aufbauend. Sei es in den Nachrichten im Rundfunk, TV oder auf YouTube, werden ständig verrückte Botschaften gesendet. Es sind hauptsächlich beängstigende Bilder und Headlines mit meist schrecklichen Ereignissen. Getoppt wird dies noch mit Zukunftswarnungen, Katastrophen und Weltuntergangsprophezeiungen. Zwischen drin erfahren wir von neuen Gesetzesbestimmungen oder nicht übersehbaren Verordnungen, die keine guten Hoffnungen versprechen. Massenhaft kann man sich Beschimpfungen der Politiker anhören und Streitgespräche wer was oder so nicht gesagt hat. In Fernsehinterviews fallen unklare Wortkreationen, es werden

Schuldzuweisungen gemacht und über verlogene Fakten diskutiert. Dazu kommt noch die Bedeutungsumkehr der Worte und der Logik wie: „Waffen retten Leben“ oder Lügen werden zur Wahrheit erklärt. Die Verwirrung scheint perfekt zu werden, indem positiv zu negativ, gut zu böse, oder Liebe als Hass beliebig gewandelt wird. Alles ein willkürlicher Wahnsinn, der entweder zur Volksverblödung, als Ablenkung für schlimme Absichten, oder zur Spaltung einer unterwürfigen Gesellschaft verwendet wird. So entsteht der Eindruck über die Medien, dass wir nicht von vernünftigen Menschen, sondern von unglücklich verwirrten Kindern gesteuert werden.

Jedenfalls fördert all dieses Unsicherheit, Zweifel, Streit, Verwirrung, und dient nicht einem freien vertrauensvollen Dasein in liebevollen Familien oder friedlichen Gemeinschaften.

bestialische Intelligenz

Es sind ja die Wunderwerke unserer Menschheit, die wir in unserer Hochkultur erschaffen haben. Die Technik, die wir mit der Digitalisierung und der künstlichen Intelligenz erreicht haben und noch erreichen können, ist unglaublich und bewundernswert. Richtig eingesetzt kann es den Menschen einen Nutzen bringen sowie Arbeiten erleichtern und sogar eigenständig übernehmen. Mit dem Handy in unserer Hand können wir bereits telefonieren, Bahn und Bus benützen, Geld überweisen, Videos und Fotos machen, Bluetooth und bald auch Roboter steuern.
Doch die Ermächtigungen sowie die Steuerung werden nicht wir in der Hand haben! Und sobald wir uns abhängig machen lassen, werden die anderen uns mittels unserer digitalen Lieblingsgeräten steuern, wie und wohin sie auch wollen.

Natürlich stellt sich die Frage, ob eine Welt von Pflegerobotern mit angewärmter Stimmenimitation noch ein glückliches Lebensgefühl vermitteln kann, oder ob man dann lieber gleich den Eliminator bestellen würde.
Ja, und was haben wir auf dieser Erde noch zu tun, wenn uns die KI die Arbeitsstellen besetzt? Und später dann noch bestimmt, was wir wann und wo zu tun haben – haben wir Menschen uns dann damit nicht selbst zerstört?

Es ist für mich ein verständlicher Traum von Menschen, die gerne zaubern können möchten, die alles Geschehend machen können, die Allmacht wie Superman oder Gott über den ganzen Globus haben. Doch diese Allmacht liegt tröstlicherweise auch nicht in der Hand von den mächtigsten Erdenbesuchern.

bedenklicher Vitamin-Mangel an Wahrheit + Liebe

Erst wenn uns ein Mitmensch persönlich gut vertraut ist, können wir darauf vertrauen, dass wir herausfinden, ob er uns anlügt oder die Wahrheit sagt. Das Vertrauen gewinnen wir indem wir viel gemeinsame Zeit und Erfahrungen mit Menschen wie Partnern, Freunden, Sport- oder Berufskollegen miterleben können. Wie ist es nun bei solchen, die uns vertraut sind und mit welchen wir vielleicht noch mehr Zeit verbringen – den digitalen Geräten und Medien? Hier können wir wissen, dass wir aus vorgespielten Bildern und Worten sowohl Falsches als auch Wahres empfangen, doch es nicht ergründen und trennen können. Wenn wir in dieser Unsicherheit nicht wissen, was wahr ist, wie und was könnten wir dann noch wirklich lieben oder hassen?

Kannst du mit mir erkennen wie wir in der Zeit mit eher wenig menschlichen Werten oder wahrer Zuneigung beseelt werden und daher an einer Mangelerscheinung von Wahrheit + Liebe leiden?
Doch gleich eine gute Nachricht: es gibt ja in der echten Welt wirkungsvolle Medizin dafür! Unsere heilige Natur ist die heilende Magie in unserer zauberhaften Schöpfung. Wir dürfen dieses gigantische Paradies genießen, auch mit unseren Robotern oder Errungenschaften. Doch mit wahrer Liebe und echter Lebensfreude werden uns sicher nur die gottgeschaffenen Menschen in ihrer Einzigartigkeit erfüllen und beglücken.

Lebe und genieße mit mir vertrauensvoll den Moment unseres Daseins. Liebe mit Lust den Himmel, das Wasser, die Berge, die Menschen und all die Schönheiten dieser Erde mit Körper, Geist und Seele auf der Suche nach deinem goldenen Glück.

Die Stufen zu erfüllender Liebe
. . . führen über eine wohlwollende Achtung auf sich selbst und
auf alle Schöpfung dieser Erde.
Mit Dankbarkeit, Empathie, Bescheidenheit, Demut, dem Sinn
nach Schönheit, Lebensfreude, Gerechtigkeit,
Frieden und Vertrauen
gelingt es auch seinen Nächsten zu lieben wie sich selbst.

So erhalten wir Lust, Freude, Glück und
das goldene Geschenk der Liebe
. . . und werden geliebt, wie wir wahrhaft sind.

. . . Gedanken über die Liebe

Liebe . . .
verwandelt Sorgen und Ängste in Glück und Gesundheit.

Liebe . . .
ist den Augenblick mit den Sinnen zu genießen
und es nicht zu verheimlichen.

Liebe . . .
ist aus dunklen Ängsten
die strahlenden Ziele zu erkennen.

Liebe . . .
ist Freude am eigenen Genuss
und ebenso an dem des anderen.

Liebe . . .
erfordert Mut,
zu den eigenen Gefühlen zu stehen.

Liebe . . .
strahlt, wenn wir den Blick auf das richten,
was uns und andere erfreut.

Liebe . . .
ist aktiv, indem wir seelische Zärtlichkeit
und körperlich Wohltuendes schenken und genießen.

Letztlich werden wir nur für das geliebt,
was wir selbst lieben.

Eine Welt voll von zauberhafter Dinge

Aus unserer Welt voll von zauberhaften Dingen
kann mancherlei ins Auge springen,
doch dabei weicht aus gutem Grund,
manch andres in den Hintergrund
und verschwindet meistens ganz,
denn nur das gewinnt an Glanz,
was in der Schöpfung grad entspringt
und meist etwas Verwirrung bringt.
Ein Wesen völlig echt
vom anderen Geschlecht
. . . tritt reizvoll in das Rampenlicht,
übersehen kann man's nicht.
Oh, es gefällt, man ist entzückt,
urplötzlich ist man wie verrückt.

Von Amors Pfeil recht tief getroffen,
benimmt man sich oft wie besoffen
und grenzt ganz leicht an geisteskrank,
hat man zu viel vom Liebestrank.
Dafür kann man lässig swingen,
mit seinen Beinen locker springen,
es ist kein Weg zu weit, zu steil,
denn man ist halt so – weil
man kann sichtlich ohne schinden,
fliegend Hindernisse überwinden,
vogelt frei von Ast zu Ast,
das t hat wohl nicht hin gepasst,
jedenfalls schwebt man dahin,
fühlt sich im siebten Himmel drin.

Gierig voll Liebe oder Charme,
nimmt man Geliebtes in den Arm,
geht gemeinsam dann ein Stück
und träumt vom großen Liebesglück.
Um sich vor Neidern zu verstecken,
geht man recht gern in dunkle Ecken.
Die Lippen treffen sich zum Küssen,
auch Zungen tun, was sie so müssen,
man schließt die Augen, um zu tasten,
wo die Finger gerne rasten.
Von da weg, geht es um die Sachen,
die wir alle gerne machen,
denn auch die Bibel sagt mit Recht,
sich vermehren ist nicht schlecht.

Eine schöne Zeit beginnt,
doch oft sie dann recht rasch verrinnt.
Was gewohnt - wird leicht gewöhnlich,
manches scheint gar unversöhnlich.
Statt Lust ist vielmehr Leid geboren
und Anerkennung geht verloren.
Der Schatz den man einst so begehrt,
hat nicht mal mehr den halben Wert,
denn durch ihn hat man jetzt den Schaden,
so geht der Traum vom Glück oft baden.
Der Partner weicht aus gutem Grund,
dann öfter in den Hintergrund
und verschwindet manchmal ganz,
wo bleibt jetzt Freude, Liebe, Glanz?

Aus unserer Welt voll von zauberhaften Dingen
kann mancherlei ins Auge springen,
doch wer lange blind marschiert,
verbittert nichts mehr ausprobiert,
wer sich verwahrt und glaubt mit Recht,
das andere Geschlecht sei schlecht.
der gönnt sich selbst den Reichtum nicht,
und leidet lieber an der Gicht.
Nur der die Schöpfung neu betrachtet,
die Vielfalt und den Nächsten achtet,
mit Mut die Schönheit anvisiert,
sich in Begeisterung verliert,
der wird dann wieder fröhlich singen,
selbst als ein Teil von zauberhaften Dingen,
stets anderen ins Auge springen.

Sprüche über
Liebe, Sex und Partnerschaft

Partnerschaft . . .
zielt nach dem Sinn zur doppelten
Freude für mich + dich.

Gute Gesinnung . . .
ist der Sinn nach freudigem Leben –
suchen und finden, was unsere Sinne erfreut.

Verliebt sein . . .
ist eine geballte Ladung freudiger
Vorstellung auf Kontakt, und eine
Spannung, die sich durch Funken Zugang verschafft,
weil sie den Kontakt nicht erwarten kann.

Das Beglückende am Sex ist
die unerschöpfliche Vielseitigkeit gemeinsam zu erforschen.

Beziehung . . .
ist eine Verbindung bei der jeder
allein in eine andere Richtung zieht.

Guter Sex . . .
ist Lust und Zärtlichkeit
auf den Punkt genau getroffen.

Verliebe dich täglich . . .
in ein Ding, das dir gefällt.
. . . in eine Besonderheit der Natur.
. . . oder in eine lustvolle Tätigkeit.

Finde mit deinem Partner gemeinsame Ziele, denn nur dadurch erblüht oder welkt deine Partnerschaft.

*Wenn ein Partner mit dir leben möchte,
sollte er dies freiwillig tun!*

*Das ganze Leben dreht sich um Annahme,
Anerkennung und wohltuende Kontakte,
um Sexualität, Genuss, Gewinn und Glück.*

Intimität fordert Vertrauen, und Sexualität fordert klares, gegenseitiges Einverständnis.

*Es soll heißen:
Durch ihre große Liebe gingen sie später
einen Bund fürs Leben ein!
. . . und nicht:
Durch ihren Bund ging später
ihre große Liebe und ihr Leben ein!*

*Das Beste was du tun kannst,
um einen Partner zu ändern, ist,
ihm ein Vorbild zu sein.*

*Auf dem Weg zur erwünschten Partnerschaft
stolpert man immer wieder über sich selbst!*

Wenn die Reize einer Frau bei einem Mann ankommen,
wird sogar ein Clown zum Mann
wie auch der Mann zum Clown werden kann.

Wenn du deine Bedürfnisse
nicht mit einem gutem Gefühl
deinem Partner mitteilen kannst, –
hast du keinen.

Wer sich selbst Wertvolles gönnt und genießt,
wird auch genießbar für seinen Partner.

Um gute Kontakte zu knüpfen müssen wir zuerst lernen,
mit uns selbst in guten Kontakt zu kommen.

Wer kein Ziel hat,
kann keinen Partner haben und keiner sein.

Es bedarf mehr Mut sich den
vielen kleinen Ent-Scheidungen zu stellen,
als sich scheiden zu lassen.

Impotenz . . . ist die Treue eines Mannes,
die er gleichsam allen Frauen beschert.

Unverkennbar: „Oh, das Kind kommt ganz nach seinem Vater."
Antwort: „Ja sicher, aber nur, wenn man es zeitlich betrachtet."

Wenn du nicht so tust, wie ich will, kann es sein,
dass du mich verlierst.
Doch, wenn du nicht so tust, wie es für dich gut ist, so kannst du mich gar nicht gewinnen.

Hat eine Frau sich mal besonnen,
auf des Lebens süße Wonnen,
sagt man kurioserweise vermessen:
Sie hat sich dabei ganz vergessen!

Narzissten haben das Glück,
dank ihrem geringen Selbstwertgefühl,
meist auf einen liebevollen, mitfühlenden und
hilfsbereiten Partner zu treffen –
nur dessen Partner wird dieses Glück nicht haben.

Psychologe: „Machen Sie oft Selbstbefriedigung?
Klient: „Oh na, nie!

Eine Frau ist wie Zauberer:
Wenn man glaubt sie tut was, so tut sie nichts.
Wenn man glaubt, sie tut nichts,
so hat sie es schon getan.

Ich habe mich an meinem Hochzeitstag versprochen,
. . . tut mir Leid!

Nun habe ich eine feste Freundin, . . . und zwei schlanke!

. . . die Vorteile im Unglück - Reime

Perfekt sein wie Einstein gibt Stress
ich beneide Mozart und Sokrates
einen Vorteil finde ich zur Not,
Ich leb, und die sind tot.

Mit dem Bike war ich zu schnell dran,
rutsch aus und lieg im Mist dann.
Nach Kuhdreck – stink ich hundert Stund,
dafür beißt mich kein Hund.

Wenn mir etwas Peinliches selbst passiert,
fühlt sich meine Frau wegen mir blamiert.
Alle schauen schon her - ich sag na dann,
ich bin halt ein angesehener Mann.

Enttäuschung verkraftet man lang nicht,
auf Wahrheit ist man kaum erpicht.
Doch im Moment, wo man sie erkennt
hat die Täuschung bereits ein End.

Der Kopf:
. . beim Fernsehen muss er gar nichts tun,
kein Drehn, kein Wenden, starr nur ruhn.
Das einzige was ihn erqueckt
wenn man ihm Futter hineinsteckt!

Im liebenden Vorausgehen kann man sehen,
dass tolle Nachkommen entstehen,
die selbständig durchs Leben gehen.
Doch nur geformt durch Furcht und Strafen,
entstehen meist, blind folgsame Affen.

Tiefe Erkenntnis:
Aus der Erde ragen die Berge hoooch,
wär's umgekehrt, dann wärs ein Loooch !

Wer Gutes tut, der wird geachtet.
Der Böse, hinter Gitter schmachtet.
Verachtet blieb er ohne Kuss -
erst jetzt, man auf ihn achten muss!

Ein echter Bär ist groß und stark,
da kriecht die Furcht durch Herz und Mark.
Doch ist er rot und ziemlich klein,
wird's eher ein Himbärchen sein.

Achtung, fertig, los!
Endlich bin ich los gezogen,
um das große Los zu ziehen.
Jetzt lasse ich den Bären los,
dann ist endlich etwas los.
Doch statt Geldgewinn famos,
bin ich mein letztes Geld nun los.
So trifft es mich recht kurios
auch Plan und Lust bin ich gleich los.
Am Ende bin ich blank und bloß
dank der Demenz die Sorgen los.

. . . mächtige Sprüche

*. . . Führende beherrschen meist die Kunst, verführerische
Bilder und Worte in scheinbarem Wohlwollen zu spiegeln.
Doch wir haben die Wahl, uns nach ihren Taten zu entscheiden.*

*Hören wir auf jene,
welche friedliche Ideen, wahre Bilder,
Wohlwollen und Erfreuliches verbreiten.*

*Politische Wahl:
Wir wählen nicht etwas Bestimmtes, sondern geben nur unsere
Stimme dem, der dann über uns bestimmen darf.*

*Wer mit Macht Gehorsam erzwingt,
nimmt sich selbst die Chance –
freiwillige Geschenke und Liebe zu empfangen!*

*Gier ist der Hunger nach Anerkennung und Lob.
Macht und Strafen über andere auszuüben
gibt wenigsten das Gefühl beachtet zu werden.*

*Für den Frieden wäre es besser,
es würden die wenigen an die Front gejagt werden,
die den Krieg wollen.*

*. . . gefährlicher sind jene, die sich bevormunden und
bestimmen lassen, damit sie nie zur eigenen Verantwortung
gezogen werden können.*

*Wenn wir Unrechtes bei Kindern oder Erwachsenen
eine Zeit durchgehen lassen,
lassen uns diese bald eine unrechte Zeit durchgehen.*

Kreationen aus Be-Geisterung

. . . weise und „sau blöde“ Sprüche –
zum selbst sortieren

. . . was Du als wahr und richtig erkennst,
ist Deine persönliche Weisheit.
. . . ob Du weise gehandelt hast,
zeigt Dir stets wieder die Realität.

Gestalte Dein Leben selbst, bevor es andere für Dich tun.

Ein reicher Mensch ist der,
der Dir ein strahlendes Lächeln entgegen bringt.
Schau mal in den Spiegel, vielleicht bist Du es selber!

Wenn Du stets weißt, wie Du was,
wann tun kannst und mit wem und wo,
hast Du immer null Problemo!

Ein Mensch wahrer Größe hat es nicht notwendig zu lügen,
andere abzuwerten oder klein zu reden.

Ich hörte schon: „Du gehst mich an !“
und wehrte mich, weil es mich an-geht!

Ich habe nichts gegen Neues - wenn es sich bewährt hat!

Der schlimme Alkohol:
Ab dem gewissen Quantum, haut er Dich glatt im G´wand

Es ist vorteilhafter zu verschweigen, was man nicht will –
und stattdessen zu sagen, was man will!

Ich bin jeden Tag überzeugt das Richtige zu tun
und immer wieder solange im Zweifel,
bis ich davon wieder überzeugt bin.

Wenn ich wichtig bin, brauche ich mich nicht wichtig zu machen.

Offen sein kann nur,
wer seine persönlichen Überzeugungen kurz verlässt –
ohne die Angst zu haben, sich zu verlieren!

Lebe, wie es dir gefällt –
oder lass es dir gefallen, wie du lebst!

Ein Vogel fliegt übers Meer und schreit: „Kuckuck!“
Da taucht ein winkender Fisch auf und sagt: „Hai!“

Ein weiser Rat: Man muss Kindern und Erwachsenen
nicht mehr erklären, als sie wissen wollen!

Unbelehrbar sind Menschen, die weder zusehen, noch zuhören.

Ein Lob kann nur derjenige geben,
der das Wertvolle am Mitmenschen achtet.

Menschenrechte auf dieser Erde
. . . wurden von der Schöpfung gegeben.
So darf jeder sein Leben frei gestalten.
Ob die Schöpfung Gefallen daran findet,
erfahren wir erst am Ende.

Eine große Stärke liegt darin, im richtigen Moment seine
Schwäche zu zeigen!

Wir selbst bestimmen die Werte, die uns wertvoll machen.

*Das einzige was du im Leben erfüllen kannst –
ist dein erträumter Plan.*

Danken ist die einfachste Form, das Glück bewusst zu erleben.

*Je selbstverantwortlicher wir mit unserem Körper umgehen,
desto weniger werden wir ein Pflegefall!*

*Wohin du auch des Weges bist,
du wirst immer auf jemanden treffen,
der die gleiche Richtung geht,
weil er ein ähnliches Ziel hat.*

*. . . sage öfters einmal Danke, für all das,
was sich Dein Mitmensch von Dir anhören muss.*

Nur wer Angst vor der Wahrheit hat, verträgt keine Kritik.

*Anerkennung können wir
mit Geld und Gewalt erzwingen,
doch damit niemals freiwillige Liebe
geschenkt bekommen.*

Mit unerklärten Gefühlen kann man kein Verständnis finden.

Versprecher: „Ihr WC ist sehr geschmackvoll eingerichtet."

*Ich bin nicht blöd!
Selbst wenn ich mir in den Finger schneide,
oder mir mein Handy an den Kopf schlage,
bedeutet dies nicht, dass ich blöd oder
ungeschickt bin, sondern war!*

*. . . es ist schon „ziemlich blöd"
auf bessere Vergangenheit zu hoffen.*

Öffne jetzt die Augen für das Schöne . . .
. . . denn heute ist der Tag an dem Du genießen darfst –
und jedem noch sagen kannst, was Dir an ihm gefällt.

Es ist keine Kunst, eigene Bedürfnisse zurückzustellen,
wenn man es sich gar nicht erlaubt hat,
sie zu haben!

Erwartungen sind unnütz,
weil man dadurch nur auf die Veränderung wartet,
statt sie selbst zu erwirken.

. . . hinter Problemen, die uns andere bescheren,
stecken meist ihre eigenen.

Es wird sinnvoll sein, das Sinnlose einfach nicht mitzumachen.

Dumme Menschen
wurden eigentlich nur einseitig informiert,
falsch unterrichtet oder manipuliert.

Liebe ist immer freiwillig!
. . . erzwungener Gehorsam
gibt und bekommt niemals Liebe.

Wissenschaft ist für das einfache Volk
nur eine nicht prüfbare Glaubensfrage.

Wer den Sommer genießt,
kann im Herbst reif und süß sein.

Zum Konsumieren werden wir meist unbewusst verführt –
lieben können wir nur selbst-bewusst!

Ein Versager sagt: „Es geht nicht!“
Werde besser zum achtsamen Erkenner, der erkennt,
dass es so nicht ging, und dann einen neuen Weg geht.

Manche Typen haben so wechselhafte Gefühle,
dass sie bereits überholt sind
bevor sie diese aussprechen können.

Nur das Stillen eigener Bedürfnisse führt
zum wahren Glück und bewirkt ehrliche Dankbarkeit.

Ein gutes Selbstwertgefühl zeigt,
dass ich mich selbst als wertvoll fühle!

Bei jeder Wanderung entscheide ICH
über meinen Weg und wer mit mir gehen darf.

Empathische Menschen
erfreuen sich am Glück ihrer Mitmenschen
und ihrem Genuss.
Unglücklich narzisstische Menschen
erfreuen sich an der Macht über ihre Mitmenschen
und an ihrer Genuss-Zerstörung.

Ein Schwarzseher sagt: „Schlimmer kann's nicht werden!“
. . . und die positive Frohnatur sagt: „Doch, doch!“

Wer gegen das Leben anderer wirkt, verwirkt sein eigenes.

Fürsorgliche Tat?!

Nachdem ein total Betrunkener sich an der Wand hochrafft und den Autoschlüssel aus seiner Tasche zieht um die Heimfahrt anzutreten, klopft ihm die Wirtin fürsorglich auf die Schulter und meint:„Tust mir aber aufpassen!“

Plane dein Leben
. . . immer wieder neu, wie es Dir Freude macht.

Teile deinen Plan
. . . dem mit, mit dem du ihn teilen willst.

Plane in deinem Geist
. . . in der Vorstellung erwächst die Be-geisterung.

Plane in freudigen Bildern
. . . aus den Motiven gewinnst du deine Motivation.

Selbst wenn du nichts planst
. . . ist es deine freie Entscheidung.

Wenn du weg gehst, vergiss nicht, das Wertvollste
das du hast mitzunehmen – DICH !
Denn überall auf der Welt kannst du wirken,
aber am besten dort, wo du wahrhaft bist.

Lebe im Vertrauen auf dich, das zu ändern,
was du in deinem Umfeld selbst zum Guten ändern kannst,
und im Vertrauen auf die Schöpfung,
die all das verändert, was du nicht ändern kannst.

. . . gesunde Gemeinschaften –
dank heilendem Ausgleich

Alle Erdenmenschen haben das Bedürfnis, gut, frei, individuell, fröhlich und glückerfüllt zu leben. In manchen Situationen des Daseins wird dieses besser gelingen, in manch anderen aber sehr schwer oder kaum glücken.
Nun will ich hier Menschen nach ihren verschiedenen Lebenslagen betrachten und sie in zwei Bildern beschreiben:

Begnadete
. . . die einen grundsätzlich gesunden Körper und Geist haben, um ihr Leben frei und selbständig gut zu gestalten. Es sind Lebenskünstler, die in Zufriedenheit mit sich selbst sind und oft darüber hinaus mitfühlend reales Geschehen sowie ihre Mitmenschen liebevoll achten und hilfsbereit sind.

Bedürftige
. . . die Not leiden, psychisch oder körperlich krank sind, um ihr Leben eingeschränkt und unbefriedigend ertragen zu müssen. Es sind oft hungernde, arme, unglückliche oder überforderte Menschen, die in ihrer Lage den Mangel an Wohlergehen schmerzlich ertragen. Dazu gehören auch süchtige, zornige, mürrische, machtbesessene und gierige Menschen, welche wie alle Menschen nach Lebensglück streben, auch wenn sie sich oft überheblich statt liebesbedürftig zeigen.

Bedürftige benötigen Hilfe
. . . unabhängig, ob sie durch eigene Ungeschicklichkeit oder durch Fremdeinflüsse in Not geraten sind. Sie haben meist nicht das Geschick oder die Möglichkeit, die Problemsituation aus eigener Kraft zu bewältigen. So sind sie auf Hilfe von gesunden Begnadeten angewiesen.

Begnadete finden Erfüllung
. . . weil es ihnen meist ein Bedürfnis ist, Hilfestellung zu leisten, wofür sie dabei oft mit wahren Glücksgefühlen belohnt werden. Sie haben genug an Zeit und Energie für sich und andere, denen sie davon abgeben können. Oft dienen sie freiwillig fürsorglich, ohne Anspruch auf Gegenleistung.

Alle Erdenbewohner
. . . sollen sich durchwegs eigennützig ihr Leben gönnen, indem sie ihr Dasein kreativ und freudig gestalten. Dafür haben viele von uns die Voraussetzungen erhalten oder geschaffen, um in Arbeit, bei Sport- und Hobbytätigkeiten mit Gleichgesinnten, auf Südseeinseln oder mit all dem, was sie lieben, ihre Zeit angenehm zu verbringen. Vorausgesetzt, dass sie niemanden verletzen oder schaden, können sie leicht Anerkennung und Sympathien gewinnen und frei genießen. Durch Achtung, Verständnis und Rücksicht auf ihre Nächsten sind sie eine wertvolle Bereicherung für die Gesellschaften dieser Welt.

Probleme und Hindernisse
. . . gibt es, wenn ein rein egoistischer Lebensstil gewählt wird, der jedoch nur dann unbelastet gelingen kann, wenn zum Eigenschutz persönlich Störendes, unangenehme Umgebung und lästige Bedürftige gemieden oder ignoriert werden. Allerdings wird dies nicht der Weg von empathischen, hilfsbereiten Menschen sein, denn sie erfüllen ja gerade durch Mitgefühl und Hilfsbereitschaft einen wichtigen Teil ihres Lebens. Ein echtes Problem der Begnadeten liegt eher in ihrer Selbstüberforderung, wenn sie sich zu viel anderen annehmen und dabei eigene Bedürfnisse zu weit zurückstellen. Zum Beispiel

kommt es vielfach gerade in der Krankenpflege zu körperlicher oder psychischer Überforderung von Ärzten sowie Pflegepersonal, wodurch diese dann selbst bedürftig werden.
Ein weiteres Problem ergibt sich, wenn Bedürftige nur anklagend jammern, Hilfeleistende beschimpfen, abwerten, dabei geleistete Hilfe als selbstverständlich sehen, fordern oder bestimmend verlangen.

In unserem Erdendasein
können wir nur durch einen persönlichen wohlgesinnten
Beitrag an unseren Mitmenschen, der Gemeinschaften
und der Schöpfung,
unsere wahre Lebenserfüllung finden.

. . . ein wundersamer Ausgleich befruchtet und beglückt.

Der eigene Lebenssinn und die Motivation bestimmen unser Wirken und unser Verhalten, durch das wir letztlich heilsame Ergänzung und gegenseitige Bereicherung erfahren können.

In Achtsamkeit auf persönliche Grenzen können Begnadete ihr Leben genussreich gestalten und dabei Bedürftigen hilfreich zur Seite stehen. So werden sie ihre Nächsten mit aktiver Liebe beschenken und Glückserfüllung in bescheidener Zufriedenheit ernten.

Bedürftige können sich entscheiden, ob sie Hilfe wollen, benötigen und entsprechende Liebeszuwendungen demütig annehmen können. Schön, wenn sie dadurch Lösungen und Erlösung erhalten und in Dankbarkeit Anerkennung und Liebe auch zurückspenden können, und so zu liebenden Begnadeten werden.

Das Zusammenspiel
der Begnadeten und der Bedürftigen
führt zu einer göttlichen Gemeinschaft liebender
Menschen auf Erden.

. . . wenn „Spinner“ irre Bilder träumen –
über Zukunftsträume

Als Kind wurde ich oft als „Spinner“ bezeichnet. Eigentlich war dies eher als Schimpfwort und abwertend angedacht. Doch in meiner Vorstellung überlegte ich, dass ein Mensch, der spinnt, ja Fäden macht, aus welchen dann Stoffe und Kleidungen gewoben werden. Also war es doch wirklich etwas Wertvolles und Nützliches für uns alle. Mit diesem Bewusstsein fühlte ich mich jedes Mal geehrt und freute mich, wenn ich „Spinner“ genannt wurde. So betrachtet will ich hier Zukunftsgedanken spinnen, in welchen sich Menschen auf dieser Erde gut ausgestattet und wohlfühlen können. Selbst, wenn es utopisch erscheint, so könnten es doch anstrebenswerte Zukunftsbilder sein:

Märchen über Zukunftsträume

Es wäre einmal gut . . .

- *wenn die Menschen dieser Erde alle schöpferischen Menschenrechte respektieren und global versuchen, diese würdevoll zu bewahren.*
- *wenn der Sinn nach gesundem freudigen Leben aller Mitmenschen stets erneut erblüht und bewahrt wird.*
- *wenn Menschen gönnerhaft frei, aber auch rücksichtsvoll ihr Dasein selbst gestalten dürfen.*
- *wenn Führende bestrebt sind, jedem Neugeborenen einen Erdenteil auf Lebzeiten zuzuweisen, um diesen zu pflegen und zu benutzen.*
- *wenn nur emphatische Menschen mit wohlwollendem Gemeinschaftssinn führende Aufgaben als Diener der Gesellschaft übernehmen.*

- *wenn nicht Personen oder Parteien, sondern die besten Ideen, Vorhaben, Verordnungen oder Gesetze gewählt werden. Hierzu wäre es durch unsere Digitalisierung problemlos möglich, diese Einzusehen und per Klick abzulehnen oder zu befürworten.*
- *wenn Richter fehlgelaufene Handlungen der Bürger oder Gemeinschaften gerecht und kreativ richten, damit sie in der Gesellschaft wieder nützlich sein können.*
- *wenn bewusst wird, dass Menschen die unüberschaubare Vielfalt alles Erdengeschehens nie global beherrschen können.*
- *wenn Liebe und Beachtung vorzüglich im regionalen Umfeld sinnvoll gelebt wird: In Partnerschaften, Familien, Nachbarschaften, Gemeinde, Land und Staat.*
- *wenn persönlicher Besitz und Einkünfte der regionalen oder globalen Gesellschaft angepasst und begrenzt bleibt.*
- *wenn Erdenbewohner sich nicht über andere stellen, sondern ihre reale Kleinheit begreifen, aber auch auf ihre Einzigartigkeit und Menschenwürde bewusst achten.*

in der Erinnerung ein Gesang meines Vaters

. . . welchen ich hier als ein beruhigendes Beispiel noch im Ohr habe und erwähnen möchte. Er sang bei trübem Wetter oft das banale, doch eigentlich tröstliche Lied:
„Es regnet, es regnet, es regnet seinen Lauf,
und wenn´s genug geregnet hat, dann hört es wieder auf!“
Ja, immer wieder sorgt danach die Sonne für den natürlichen Kreislauf. Und genauso tröstlich sorgt schon die Schöpfung für den Kreislauf allen Geschehens dieser Erde mit allem menschlichen Wirken.

. . . Vertrauen auf die Geborgenheit der Schöpfung
und ein erfülltes Leben wünscht dir von Herzen

Ehrenfried Martin Wipplinger

... wir haben weise Visionen,
die funktionieren und sich lohnen,
planen die Menschheit intelligent,
fügsam, fehlerlos und konsequent,
vielleicht noch Gleichheit überall,
mit starkem Willen auch global.

Doch dann wärs auf der Welt zu öd
und leider gar nichts mehr „sau blöd!“

Bücher von Ehrenfried Martin Wipplinger:

„Lebensweis- und Buntheiten"

ISBN 3-86516-017-4 2003

In diesem Buch werden Lebensweisheiten als schöpferische Weisung, aber auch als „heller Trick" zum Gelingen eines erfüllten Lebens betrachtet. Aus einem besonderen Blickwinkel stellt der Autor tiefsinnige und humorvolle Betrachtungen über Themen wie Sehnsucht, Träume, Angst, Glück, Gewinn, Glaube und Liebe an und veranschaulicht diese durch beispielhafte Erlebnisse. Vielseitigkeit und Intensität sowie viele Doppeldeutigkeiten dieses Schriftstückes „zwingen" den Leser zum langsamen Verzehr, bringen jedoch nachhaltigen Genuss. Ein Buch das hinführen will zu eigenen Betrachtungen und Lebensweisen.Im Anhang findet sich eine Sammlung von Sprüchen und Gedanken des Autors zum Lieben und Lachen.

Lebensträume verwirklichen

ISBN 978-3-94215-043-9 2005

Mit der Aufforderung „Lebensträume zu verwirklichen" werden in diesem Buch die Zusammenhänge des Lebens sowie die Gesetzmäßigkeiten von Geist, Körper und Seele verständlich gemacht. Das daraus entstehende, menschliche ALL-EINS-SEIN soll zum Heil, zum Erfolg und zum wahren Lebensglück führen. Die Auswahl aus dem paradiesischen Angebot aber bleibt jedem Leser offen, denn nur er kann sich seine eigenen Lebensträume in dieser Welt erfüllen. Dieses spannende und informative Schriftwerk zeigt, wie wir unsere wahren Ziele besser erkennen können, welche Prägungen, Grenzen und Ängste uns behindern und wie wir frei werden für unseren freudigen Weg. Viele Themen machen dieses Buch zu einem reichhaltigen Leseerlebnis.

Honig, Sex und wahre Liebe

ISBN 978-3-942150-36-1 2010

Wie kommt man zu den süßen Dingen im Leben wie Honig, Sex und wahrer Liebe? Was ist eigentlich Liebe? Bekommt man sie geschenkt, kann man sie kaufen, oder muss man sie erlernen? Wie findet man einen passenden Partner, eine erfüllende Beziehung und wie kann Sex mehr Freude als Probleme machen?
In diesem Buch werden Sie Antworten bekommen und neue Einblicke gewinnen, wie Sie in der heutigen Welt Ihr Liebesglück erfahren können. Zwischen humorvollen, aber auch tiefsinnigen Geschichten über die Sonnen- und Schattenseiten der Partnerschaft und Sexualität finden Sie Anregungen und Tipps für die sinnvollste Sache der Welt – die wahre Liebe.

Bücher erhältlich im Buchhandel
oder direkt vom Autor 0043-650-5552711

Biografie des Autors

Ehrenfried Martin Wipplinger wurde am 30.12.1945 in Hard am Bodensee geboren. Er sieht sich als philosophischer Seiltänzer in den Bereichen Liebe, Gesundheit, Frieden, Glück und Lebenserfüllung.
Wie leicht aus den Büchern zu entnehmen ist, hat er in seinem reichhaltigen Dasein mehrere Ausbildungen und Berufe bewerkstelligt. Reichhaltige Erfahrungen und Erlebnisse zieht er jedoch nach wie vor in der Beachtung und im Umgang mit seinen naheliegenden Mitmenschen. Sein Ziel ist eine traumhafte Lebenserfüllung für sich und allen begegneten Wesen in Dankbarkeit der paradiesischen Schöpfung.

Respekt ist
. . . soviel Abstand zu wahren,
um sich gegenseitig nicht verletzen zu können.

und Liebe ist
. . . sich so nah zu kommen,
um sich gegenseitig „sau gut“ zu tun.
E.M.W.